Suppen

Debra Mayhew

Suppen

Über 200
leckere Rezeptideen

BECHTERMÜNZ

Originaltitel: The Soup Bible
Originalverlag: Anness Publishing Ltd, U.K.

Deutsche Erstausgabe

Rezepte: Catherine Atkinson, Alex Barker, Michelle Berriedale-Johnson, Angela Boggiano, Janet Brinkworth, Carla Capalbo, Kit Chan, Jacqueline Clark, Maxine Clark, Frances Cleary, Carole Clements, Andi Clevely, Trish Davies, Roz Denny, Patrizia Diemling, Matthew Drennan, Sarah Edmonds, Joanna Farrow, Rafi Fernandez, Christine France, Sarah Gates, Shirley Gill, Rosamund Grant, Rebekah Hassan, Deh-Ta Hsiung, Shehzad Husain, Judy Jackson, Sheila Kimberley, Masaki Ko, Elisabeth Lambert Ortiz, Ruby Le Bois, Gilly Love, Lesley Mackley, Norma MacMillan, Sue Maggs, Kathy Man, Sallie Morris, Annie Nichols, Maggie Pannell, Katherine Richmond, Anne Sheasby, Jenny Stacey, Liz Trigg, Hilaire Walden, Laura Washburn, Steven Wheeler, Kate Whiteman, Elizabeth Wolf-Cohen, Jeni Wright.

Fotografie: Karl Adamson, Edward Allwright, David Armstrong, Steve Baxter, James Duncan, John Freeman, Ian Garlic, Michelle Garrett, Amanda Heywood, Janine Hosegood, David Jordan, William Lingwood, Patrick McLeary, Michael Michaels, Thomas Odulate, Juliet Piddington, Peter Reilly.

Gestaltung: Bill Mason
Illustrationen: Anna Koska
Aus dem Englischen übertragen von Andreas Göbel (akapit Verlagsservice)
Produktion der deutschen Ausgabe: akapit Verlagsservice, Berlin – Saarbrücken
Umschlaggestaltung: +Malsy, Kommunikation und Gestaltung, Bremen
Umschlagmotiv: Hoffmann & Reichelt, Delmenhorst
Gesamtherstellung: Offizin Andersen Nexö, Leipzig
Printed in Germany
ISBN 3-8289-1070-X

HINWEIS

Die Zutaten werden fallweise in Tassen und Tee- bzw. Esslöffeln angegeben, wobei 1 Teelöffel (TL.) 5 ml entspricht, 1 Esslöffel (EL.) 15 ml und eine Tasse 250 ml. Wenn nicht anders angegeben, werden mittelgroße Eier verwendet.

Inhalt

Einleitung

VIELE ANREGUNGEN WARTEN in diesem Buch auf Sie: kalte, leichte Suppen zur Erfrischung an heißen Sommertagen; nahrhafte und cremige Suppen, die den Gaumen kitzeln, würzige Suppen, die an kalten Wintertagen Trost und Wärme spenden; und nicht zuletzt herzhafte, sättigende Suppen voller guter Zutaten. In dieser Sammlung finden sich Suppen für jeden Anlass.

Eine gute hausgemachte Suppe kann einen rundum zufrieden stellen wie kaum ein anderes Gericht. Kein Wunder, dass jede Kultur ihre eigenen Suppen hat – in diesem Buch tauchen sie etwa als Gumbo, dicke Suppe, Brühe, Meeresfrüchtesuppe oder Consommé auf. Seit auch exotischere Zutaten in Asialäden und vielen Supermärkten erhältlich sind, steht Ihnen die Welt der Suppen zur Erkundung offen.

Machen Sie eine Reise durch Europa und lernen Sie Köstlichkeiten wie eine reichhaltige Pistou aus Frankreich, eine kühlende spanische Gazpacho oder eine wärmende deutsche Linsensuppe mit Speck kennen. Versuchen Sie eine traditionelle britische Kartoffelsuppe mit geräuchertem Schellfisch oder fruchtige Suppen aus Mitteleuropa, etwa rumänische Apfelsuppe oder klassischen russischen Borschtsch. Lassen Sie sich von afrikanischen

Suppen wie Hühnersuppe mit Nudeln aus Marokko oder einer Suppe aus Ghana mit geräuchertem Kabeljau und Okraschoten verführen. Der Osten lockt mit pikanten Suppen wie der traditionellen scharf-sauren Suppe aus China oder japanischer Garnelensuppe. Und vergessen Sie auf keinen Fall die mexikanische Jalapeño-Suppe mit Huhn, Chili und Avocado.

Eine gute Suppe ist nicht schwierig, besonders wenn Sie frische Zutaten der Saison verwenden. Viele Suppen – keinesfalls alle – verlangen nach einer guten Brühe. Sie braucht immer Zeit, doch lassen sich große Mengen auf Vorrat zubereiten und einfrieren. Auf den folgenden Seiten finden Sie Grundrezepte für Gemüse-, Fisch-, Fleisch-, Geflügel- sowie chinesische und japanische Brühen, die als Grundlagen für Ihre Suppen dienen.

Auch die einfachste Suppe kann durch die richtige Garnitur bereichert werden; ansprechend serviert, sieht Ihre Suppe gleich professioneller aus. Kräutercroutons oder knackige Lauchstangen auf der Suppe schaffen einen optischen Kontrast und stellen eine geschmackliche Ergänzung dar. Beginnen Sie am besten mit den Garnierungsvorschlägen in dem Buch und erfinden Sie dann Ihre eigenen Abrundungen.

Bei der Zubereitung Ihrer Suppen werden Sie von Schritt-für-Schritt-Erläuterungen und oft auch Illustrationen begleitet. Wunderschöne Farbfotos zeigen Ihnen, wie die fertige Suppe aussieht. Nehmen Sie sich also Zeit und versuchen Sie viele der köstlichen Rezepte. Bald werden Sie sicherer und wandeln die Grundrezepte zu Ihren eigenen, persönlichen Lieblingssuppen ab.

Wer kein Fleisch oder Fisch isst, sollte auf das Symbol für vegetarische Sup- [V] pen neben den Rezepten achten. Solche Rezepte enthalten weder Fisch- noch Fleischprodukte, möglicherweise jedoch Käse; dieser lässt sich nach Belieben ersetzen. Neben dem Rezept für japanische Dashi ist auch eine vegetarische Variante angegeben. Auch lassen sich statt des Geflügels in Gemüse- oder Bohnensuppen problemlos pflanzliche Zutaten verwenden.

Ob Sie noch nie eine Suppe oder einen Eintopf selbst zubereitet haben oder Sie Ihr Repertoire an Suppenrezepten einfach nur erweitern wollen – dieses Buch bietet Ihnen in jedem Fall Anregung in Hülle und Fülle. Blättern Sie einfach durch und schnuppern Sie nach Lust und Laune in unserer Rezeptsammlung.

Die Zubereitung der Brühe

Zu einer guten, hausgemachten Suppe gehört eine frische Brühe. Sie verleiht der Suppe eine aromatische Note, die mit bloßem Wasser nicht zu erreichen ist.

Obwohl Supermärkte frische Fertigbrühen anbieten, sind sie meistens teuer, besonders wenn man große Mengen braucht. Es ist erstaunlich einfach, eine eigene Brühe zuzubereiten – und weitaus preiswerter, besonders wenn man dabei Reste verwenden kann, etwa Geflügel vom letzten Sonntagsessen oder Garnelenschalen. Aber hausgemachte Brühen sparen nicht nur Geld, sondern sind auch schmackhafter und zudem meistens nahrhafter, da sie aus frischen, natürlichen Zutaten zubereitet werden.

Selbstverständlich können Sie auch Brühwürfel oder -pulver verwenden; achten Sie jedoch auf die Würze, da die meisten ziemlich viel Salz enthalten.

Selbst gemachte Brühe kann man gut in Gefrierbeuteln oder Eiswürfelbehältern aufbewahren, dann lässt sich immer die gewünschte Menge auftauen. Sie hält sich bis zu sechs Monate im Gefrierfach. Vergessen Sie nicht, die Behälter für Brühe immer sorgfältig zu beschriften.

Jede Suppe braucht ihre spezielle Brühe; zu Zwiebelsuppe beispielsweise passt Rinderkraftbrühe. Für Vegetarier kommt natürlich nur eine Gemüsebrühe in Frage.

Auf den folgenden Seiten finden Sie Rezepte für Gemüse-, Hühner-, Fleisch- und Fischbrühen sowie Brühen für chinesische und japanische Gerichte.

V

Gemüsebrühe

Diese vielseitige Brühe dient als Grundlage für alle Gemüsesuppen.

ZUTATEN

Ergibt 2,5 Liter/11 Tassen

2 Stangen Lauch, grob geschnitten
3 Stangen Sellerie, grob geschnitten
1 große Zwiebel mit Haut, gehackt
2 Stücke Ingwerwurzel, geschnitten
1 gelbe Paprikaschote, entkernt und klein geschnitten
1 Pastinake, klein geschnitten
Pilzstängel
Tomatenschalen
3 EL leichte Sojasoße
3 Lorbeerblätter
ein Bund Petersilie
3 frische Thymianzweige
1 frischen Rosmarinzweig
2 TL Salz
frisch gemahlener schwarzer Pfeffer
3,5 Liter/15 Tassen kaltes Wasser

1 Bringen Sie alle Zutaten in einem großen Topf langsam zum Kochen. Garen Sie anschließend bei schwacher Hitze 30 Minuten garen, ab und zu umrühren.

2 Lassen Sie die Brühe abkühlen und seihen Sie das Gemüse ab. Die Brühe kann nun für eine Suppe verwendet oder nach dem Abkühlen eingefroren werden.

Fischbrühe

Fischbrühe geht schneller als Geflügel- oder Fleischbrühe. Fragen Sie Ihren Fischhändler nach Köpfen, Gräten und Abfällen von Weißfisch.

ZUTATEN

Ergibt etwa 1 Liter/4 Tassen

650 g Weißfischabfälle, Köpfe und Gräten

1 Zwiebel, in Scheiben geschnitten

2 Selleriestangen mit Blättern, geschnitten

1 Möhre, in Scheiben geschnitten

½ Zitrone, in Scheiben geschnitten (nach Geschmack)

1 Lorbeerblatt

ein paar frische Petersilienzweige

6 schwarze Pfefferkörner

1,4 Liter/6 Tassen kaltes Wasser

150 ml trockener Weißwein

1 Spülen Sie die Fischabfälle gut unter kaltem Wasser ab. Bringen Sie in einem Suppentopf das Gemüse mit Kräutern, Pfeffer, Wasser, Wein und nach Geschmack mit Zitrone zum Kochen und schöpfen dabei die Oberfläche ab. Bei schwacher Hitze 25 Minuten garen.

2 Gießen Sie die Brühe ab, ohne die Zutaten dabei auszudrücken. Verwenden Sie die Brühe direkt oder lassen Sie sie abkühlen und frieren sie dann ein. Fischbrühe sollte in 2 Tagen verbraucht werden; eingefroren hält sie sich bis zu 3 Monaten.

Hühnerbrühe

Eine gute Geflügelbrühe ist in der Küche unersetzlich. Zu den Flügeln kann man auch Innereien (außer der Leber) hineingeben. Hühnerbrühe kann in einem luftdicht verschlossenen Behälter 3–4 Tage im Kühlschrank oder bis zu 6 Monate im Gefrierfach aufbewahrt werden.

ZUTATEN

Ergibt etwa 2,5 Liter/11 Tassen

1,2–1,5 kg Huhn oder Pute (Flügel, Rücken und Hals)
2 Zwiebel, ungeschält, geviertelt
1 EL Olivenöl
4 Liter/17½ Tassen kaltes Wasser
2 Möhren, grob geschnitten
2 Selleriestangen, möglichst mit Blättern, grob geschnitten
eine kleine Hand voll frischer Petersilie
ein paar frische Thymianzweige oder 3,5 ml/¾ TL getrockneter Thymian
1 oder 2 Lorbeerblätter
10 schwarze Pfefferkörner, zerdrückt

1 Geben Sie die Geflügelteile mit den geviertelten Zwiebeln und dem Öl in einen Suppentopf. Kochen Sie alles bei mittlerer Hitze, rühren Sie ab und zu um, bis das Geflügel und die Zwiebeln leicht und gleichmäßig gebräunt sind.

2 Gießen Sie das Wasser hinzu; anschließend kochen Sie auf, rühren um und schöpfen die Oberfläche ab.

3 Geben Sie Möhren, Sellerie, Petersilie, Thymian, Lorbeer und die schwarzen Pfefferkörner hinzu. Schalten Sie die Hitze herunter, decken Sie den Topf teilweise zu und garen Sie alles etwa 3 Stunden.

4 Gießen Sie die Brühe in eine Schüssel ab und lassen sie abkühlen. Stellen Sie sie etwa eine Stunde in den Kühlschrank.

5 Wenn die Brühe erkaltet ist, entfernen Sie die Fettschicht an der Oberfläche. Im Kühlschrank hält sich die Suppe 3–4 Tage; ansonsten einfrieren.

Fleischbrühe

Die köstlichsten Fleischsuppen hängen oft von der Brühe ab. Zur Not reicht aber auch ein Brühwürfel. Nach der Zubereitung hält sich Fleischbrühe 4 bis 5 Tage im Kühlschrank; selbstverständlich kann man sie auch einfrieren.

ZUTATEN

Ergibt etwa 2 Liter/9 Tassen

1,75 kg Rinderknochen oder Lamm- bzw. Kalbfleisch, in 6 cm große Stücke geschnitten
2 Zwiebeln, ungeschält und geviertelt
2 Möhren, grob geschnitten
2 Selleriestangen mit Blättern, grob geschnitten
2 Tomaten, grob geschnitten
4½ Liter/20 Tassen kaltes Wasser
eine Hand voll frischer Petersilie
ein paar frische Thymianzweige oder ¾ TL getrockneter Thymian
2 Lorbeerblätter
10 schwarze Pfefferkörner, zerdrückt

1 Heizen Sie den Backofen auf 230° C (Gas: Stufe 8) vor. Braten Sie die Knochen in einer Pfanne; dabei ab und zu wenden, bis sie nach etwa 30 Minuten braun werden.

2 Zwiebeln, Möhren, Tomaten und Sellerie dazugeben und mit dem Fett in der Pfanne begießen. Braten Sie alles 20–30 Minuten, bis die Knochen sehr braun sind. Dabei rühren und wenden.

3 Bringen Sie die Knochen und das Gemüse in einem Topf mit etwas Wasser zum Kochen. Rühren Sie gut um, damit sich angebrannte Stückchen lösen. Die Flüssigkeit in den Topf geben.

4 Mit dem restlichen Wasser aufkochen, dabei oft den Schaum abschöpfen. Geben Sie nun Petersilie, Thymian, Lorbeer und die Pfefferkörner dazu.

5 Lassen Sie die Brühe zugedeckt bei schwacher Hitze 4–6 Stunden köcheln. Die Knochen und das Gemüse sollten immer mit Wasser bedeckt sein, deshalb müssen Sie zwischendurch eventuell noch Wasser dazugeben.

6 Gießen Sie die Brühe abund schöpfen Sie so viel Fett wie möglich von der Oberfläche ab. Wenn möglich, lassen Sie die Brühe abkühlen lassen und stellen sie dann in den Kühlschrank. Das Fett setzt sich an der Oberfläche ab und ist leicht zu entfernen.

Brühe für chinesische Gerichte

Diese Brühe eignet sich hervorragend als Suppengrundlage.

ZUTATEN

Ergibt 2,5 Liter/11 Tassen

700 g Hühnerfleisch
700 g Schweinerippen
3, 75 Liter/16 Tassen kaltes Wasser
3 oder 4 Stücke frische Ingwerwurzel, ungeschält, zerdrückt
3 oder 4 Schalotten, jeweils geknotet
3–4 EL chinesischer Reiswein oder trockener Sherry

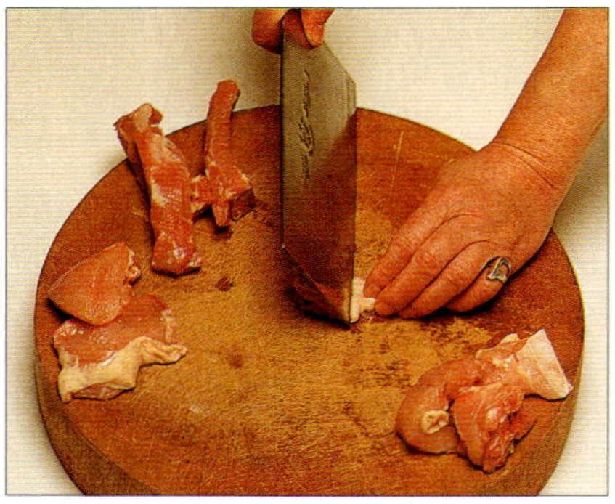

1 Entfernen Sie überschüssiges Fett von den Rippen und dem Huhn. In große Stücke schneiden.

2 Geben Sie das Fleisch mit dem Wasser in einen großen Topf. Anschließend den Ingwer und die Frühlingszwiebeln hinzufügen.

3 Bringen Sie alles zum Kochen und schöpfen Sie den Schaum ab. Bei schwacher Hitze ohne Deckel 2–3 Stunden garen.

4 Seihen Sie Fleisch, Ingwer und Schalotten aus der Brühe ab. Mit dem Wein oder Sherry wieder zum Kochen bringen. Bei kleinerer Hitze 2–3 Minuten köcheln lassen. Stellen Sie die Brühe nach dem Abkühlen in den Kühlschrank, wo sie sich 4–5 Tage hält. Sie lässt sich auch gut in kleinen Behältern einfrieren.

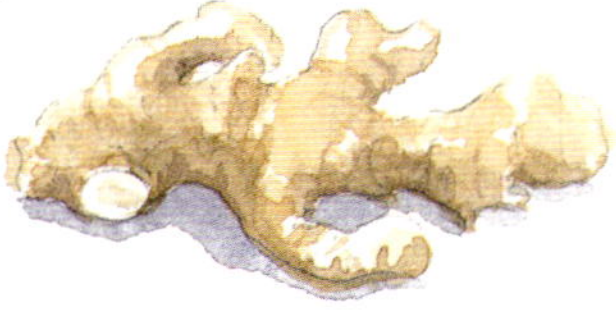

Brühe für japanische Gerichte

Dashi *ist die Brühe, die vielen Gerichten den typisch japanischen Geschmack verleiht. Als* Ichiban-dashi *wird sie für pikante Gerichte und Suppen verwendet. Natürlich gibt es in Asialäden auch gute Fertigbrühen als Pulver, Konzentrat oder sogar in Teebeuteln. Gehen Sie dabei nach den Hinweisen auf der Packung vor.*

ZUTATEN

Ergibt etwa 800 ml/3½ Tassen

10 g getrocknetes Kombu-Seegras

10–15 g Bonitoflocken

900 ml/3¾ Tassen kaltes Wasser

VARIATION

Für vegetarisches Dashi lassen Sie einfach die Bonitoflocken (getrockneter Tunfisch) weg.

1 Wischen Sie das Seegras mit einem feuchten Tuch ab und schneiden Sie zwei Schlitze hinein, damit sich das Aroma besser entfaltet.

2 Weichen Sie das Seegras 30–60 Minuten in kaltem Wasser ein.

3 Das Seegras in dem Einweichwasser bei mittlerer Hitze erwärmen. Nehmen Sie vor dem Kochen das Seegras heraus, geben Sie die Flocken dazu und kochen Sie alles bei großer Hitze auf. Nehmen Sie den Topf vom Herd.

4 Lassen Sie die Brühe stehen, bis sich die Flocken am Boden abgesetzt haben. Gießen Sie die Brühe langsam durch eine mit Papierhandtüchern ausgelegte Seihe in eine große Schüssel.

V

Die Garnitur

Manchmal hilft eine Garnitur, um eine Suppe ungewöhnlich aussehen zu lassen. Sie erhält dadurch das gewisse Etwas. Doch durch das Garnieren sieht eine Suppe oft nicht nur appetitlicher aus, sondern wird auch geschmacklich bereichert. Als Garnitur reicht manchmal etwas Petersilie, ein Klecks Sahne oder frisch geriebener Käse aus. Aber auch das kann zu einer liebevollen Aufgabe werden: Denken Sie nur an hausgemachte Croutons oder geröstete Brotstückchen. Die folgenden Rezepte sind alle vegetarisch

KNÖDEL

Diese Knödel sind leicht zu machen und geben herzhaften Bauernsuppen einen besonderen Reiz.

ZUTATEN

75 g/½ Tasse Weizengrieß oder -mehl
1 Ei, geschlagen
3 EL Milch oder Wasser
eine kräftige Prise Salz
1 EL frische, gehackte Petersilie

1 Vermischen Sie alle Zutaten zu einem weichen, elastischen Teig. Lassen Sie ihn zugedeckt 5–10 Minuten stehen.

2 Geben Sie mit einem Löffel kleine Kugeln von dem Teig in die Suppe und kochen sie in ca. 10 Minuten fest.

KNUSPRIGE CROUTONS

Croutons geben cremigen Suppen etwas Knuspriges und sind gut zum Aufbrauchen von altem Brot. Am besten sind dünne Scheiben Ciabatta oder französisches Weißbrot.

ZUTATEN

Brot
hochwertiges, geschmacksarmes Öl, etwa Sonnenblumen- oder Erdnussöl; oder Olivenöl extra vergine für einen volleren Geschmack; auch mit Knoblauch, Kräutern etc. versetztes Öl ist geeignet.

1 Den Ofen auf 200° C (Gas: Stufe 6) vorheizen. Schneiden Sie das Brot in kleine Würfel und legen Sie es auf ein Backblech.

2 Bestreichen Sie die Croutons mit Öl. Backen Sie sie etwa 15 Minuten, bis sie goldbraun und knusprig sind. Beim Abkühlen werden sie noch knuspriger.

3 Die Croutons lassen sich bis zu einer Woche in einem luftdicht verschlossenen Behälter aufbewahren.

BACKERBSEN

Backerbsen sind erbsengroß, quellen jedoch in der Suppe auf.

ZUTATEN

1 Ei
75–115 g/¾–1 Tasse Mehl
2,5 ml/½ TL Salz
frisch gemahlener schwarzer Pfeffer

1 Schlagen Sie das Ei in eine Schüssel. Geben Sie Mehl, Salz und Pfeffer nach Geschmack hinzu und rühren Sie mit einem Holzlöffel um. Formen Sie mit den Fingern erbsengroße Kügelchen.

2 Kochen Sie die Suppe wieder auf und geben Sie die Kügelchen unter Rühren hinein.

3 Bei schwacher Hitze etwa 6 Minuten köcheln lassen, bis die Kugeln aufgequollen und durchgekocht sind. Gleich servieren.

VERQUIRLTE SAHNE

Ein verquirlter Sahneklecks ist die klassische Abrundung für viele Suppen wie Tomatencreme- oder kalte Spargelsuppe. Denkbar simpel, so gibt die Sahne dennoch der Suppe einen Hauch von Professionalität.

ZUTATEN

Sahne

1 Gießen Sie die Sahne in einen Glaskrug mit einem guten Ausguss. Geben Sie auf jeden Suppenteller einen Klecks Sahne.

2 Gehen Sie mit einem Spieß oder Stöckchen so lange durch die Sahne, bis sich ein marmorartiges Muster ergibt. Sofort servieren.

GERÖSTETE BROTSTÜCKCHEN

Brotstückchen, die etwas größer als Croutons und geschmacklich durch Kräuter bereichert werden, sind ebenfalls gut geeignet, um altes Brot aufzubrauchen. Wählen Sie die Kräuter passend zur Suppe.

ZUTATEN

3 Scheiben altbackenes Brot
4 EL Butter
3 EL fein gehackte Petersilie, Koriander oder Basilikum

1 Schneiden Sie das Brot in ca. 2,5 cm lange Stücke.

2 Zerlassen Sie die Butter in einer großen Pfanne. Geben Sie die Brotstückchen hinein und braten sie langsam goldbraun.

3 Mischen Sie die Kräuter unter und braten 1 Minute unter ständigem Rühren. Die Brotstückchen vor dem Servieren auf die Suppe geben.

PANIERTE LAUCHSTIFTE

Goldgelbe Lauchstifte sehen auf einer cremigen Suppe ansprechend aus. Die raue Konsistenz ist ein pfiffiger Gegensatz zur Suppe.

ZUTATEN

1 große Stange Lauch
2 EL Mehl
hoch erhitzbares Öl

1 Halbieren Sie den Lauch längs und vierteln ihn. In 5 cm lange Stücke, dann in feine Stifte schneiden. Geben Sie ihn in eine Schüssel, streuen das Mehl darüber und wälzen den Lauch gründlich darin.

2 Erhitzen Sie das Öl auf 160° C. Geben Sie den Lauch löffelweise zum Öl und braten Sie ihn 30–45 Minuten goldgelb. Auf Papierhandtüchern trocknen. Mit dem restlichen Lauch wiederholen.

3 Streuen Sie vor dem Servieren auf jeden Suppenteller ein kleines Häufchen Lauchstifte.

Leichte & frische Suppen

Kalte Spargelsuppe

Diese köstliche, blassgrüne Suppe, garniert mit einem Klecks Sahne oder Jogurt, sieht sehr delikat aus

ZUTATEN

6 Portionen

900 g frischer grüner Spargel
4 EL Butter oder Olivenöl
175 g/1½ Tassen Lauch oder Frühlingszwiebeln, gehackt
3 EL Mehl
1,5 Liter/6¼ Tassen Hühnerbrühe oder Wasser
¼ Tasse fettarme Sahne oder Jogurt
1 EL frischer, gehackter Estragon oder Kerbel
Salz und frisch gemahlener schwarzer Pfeffer

1 Schneiden Sie von den Spitzen jeweils 6 cm ab und blanchieren sie 5–6 Minuten in kochenden Wasser, bis sie zart sind. Dann abtrocknen, halbieren bzw. dritteln und beiseite stellen.

2 Schneiden Sie von den Spargelstangen braune oder hölzerne Stellen weg. In 1 cm lange Stücke schneiden.

3 Erhitzen Sie Butter oder Öl in einem schweren Topf. Den gehackten Lauch bzw. die Frühlingszwiebeln dazugeben und bei schwacher Hitze 5–8 Minuten weich, aber nicht braun braten. Geben Sie den Spargel dazu, bedecken den Topf garen ihn 6–8 Minuten, bis er zart ist.

4 Rühren Sie das Mehl hinein. Unter ständigem Rühren 3–4 Minuten ohne Deckel braten

5 Geben Sie Brühe bzw. Wasser hinein und kochen Sie alles unter Rühren auf. Bei schwacher Hitze 30 Minuten garen. Mit Salz und Pfeffer abschmecken.

6 Pürieren Sie die Suppe mit einem Mixer. Wenn nötig, harte Fasern heraussieben. Mischen Sie die Spargelspitzen, fast die ganze Sahne bzw. den Jogurt sowie die Kräuter unter. Gut abkühlen lassen. Vor dem Servieren umrühren und evtl. nachwürzen. Mit Sahne oder Jogurt garnieren.

Kalte Miami-AvocadoSuppe

Für diese kalte Suppe kombiniert man Avocados mit Zitronensaft, trockenem Sherry und einem Spritzer Tabasco.

ZUTATEN

4 Portionen

2–3 reife Avocados
1 EL frischer Zitronensaft
75 g/¾ Tasse grob geschnittene, geschälte und entkernte Salatgurke
2 EL trockener Sherry
25 g/¼ Tasse gehackte Frühlingszwiebeln mit einem Teil der grünen Stängel
500 ml/2 Tassen milde Hühnerbrühe
1 TL Salz
Tabasco (nach Geschmack)
Naturjogurt oder fettarme Sahne

1 Halbieren Sie die Avocados, entfernen Sie die Steine und schälen Sie sie. Schneiden Sie das Fleisch in Stücke und pürieren Sie es im Mixer; dabei den Zitronensaft hinzugeben.

2 Geben Sie die Gurke, den Sherry und den größten Teil der Frühlingszwiebeln hinzu und pürieren nochmals.

3 Vermischen Sie in einer großen Schüssel die Avocadomischung mit der Hühnerbrühe. Gut verrühren. Mit Salz und evtl. Tabasco abschmecken. Bedecken Sie die Schüssel und lassen Sie die Suppe im Kühlschrank erkalten.

4 Geben Sie vor dem Servieren einen Löffel Jogurt oder Sahne auf jeden Teller und verrühren sie leicht. Anschließend streuen Sie den Rest Frühlingszwiebeln darüber.

Vichyssoise

Am besten serviert man diese aromatische Suppe mit einem Klecks Crème fraîche oder saurer Sahne darauf und streut ein wenig Schnittlauch darüber. Für besondere Anlässe macht sich ein kleiner Löffel Kaviar als Garnitur gut.

ZUTATEN

6–8 Portionen

- etwa 3 große Kartoffeln, geschält und gewürfelt
- 1,5 Liter/6¼ Tassen Hühnerbrühe
- 350 g Lauch, geschnitten
- ¼ Tasse Crème fraîche oder saure Sahne
- Salz und frisch gemahlener schwarzer Pfeffer
- 3 EL gehackter Schnittlauch

1 Bringen Sie die gewürfelten Kartoffeln und die Hühnerbrühe in einem Topf oder einer Kasserolle zum Kochen. 15–20 Minuten bei schwacher Hitze garen.

2 Schlitzen Sie den Lauch längs auf und spülen Sie unter kaltem Wasser Schmutzreste ab. In dünne Scheiben schneiden.

VARIATION

Mit Magerquark statt Crème fraîche oder saurer Sahne wird die Suppe weniger fett.

3 Geben Sie, wenn die Kartoffeln fast zart sind, den Lauch dazu. Schmecken Sie mit Salz und schwarzem Pfeffer ab. Anschließend 10–15 Minuten garen, bis das Gemüse weich ist, dabei gelegentlich umrühren. Wenn die Suppe zu dick ist, verdünnen sie mit Brühe oder Wasser.

4 Pürieren Sie die Suppe im Mixer. Soll sie sehr glatt sein, pressen Sie sie durch ein Sieb. Rühren Sie fast die ganze Crème fraîche oder saure Sahne ein. Dann abkühlen lassen und kalt stellen. In gekühlten Schalen servieren und mit einem Klecks Sahne und dem Schnittlauch garnieren.

V

Gazpacho

Diese traditionelle spanische Suppe ist ideal als leichte Sommermahlzeit. Die Suppe wird umso besser, je hochwertiger die einzelnen Zutaten sind.

ZUTATEN

6 Portionen

1 grüne Paprikaschote, entkernt und grob gehackt
2 rote Chilischoten, entkernt und grob gehackt
¼ Salatgurke grob geschnitten
1 Zwiebel, grob gehackt
450 g/3 Tassen reife Romatomaten, geschnitten
900 ml/3¼ Tassen passierte Tomaten oder Tomatensaft
2 EL Rotweinessig
2 EL Olivenöl
1 EL Zucker
Salz und schwarzer Pfeffer
zerdrücktes Eis zum Garnieren

1 Stellen Sie kleine Stücke von den roten und grünen Chilischoten sowie Gurke und Zwiebel als Garnitur beiseite.

2 Pürieren Sie die restlichen Zutaten außer dem Eis im Mixer glatt. Eventuell müssen Sie das Ganze portionsweise pürieren.

3 Gießen Sie die Suppe in eine Glasschüssel ab und drücken Sie alles gründlich durch ein Sieb, damit der Geschmack so intensiv wie möglich wird.

4 Abschmecken und abkühlen lassen. Vor dem Servieren mit den restlichen Chilistücken, der Gurke und der Zwiebel garnieren. Nach Geschmack kann die Garnitur mit etwas zerdrücktem Eis abgerundet werden.

V

Sommerliche Tomatensuppe

Das Gelingen dieser Suppe hängt vor allem von der Reife und dem Aroma der Tomaten ab. Am besten kocht man diese Suppe in der Tomatensaison.

ZUTATEN

4 Portionen

1 EL Olivenöl
1 große Zwiebel, gehackt
1 Möhre, fein geschnitten
1 kg reife Tomaten, geviertelt
2 Knoblauchzehen, gehackt
5 frische Thymianzweige oder ¼ TL getrockneter Thymian
4 oder 5 frische Majoranzweige oder ¼ TL getrockneter Majoran
1 Lorbeerblatt
3 EL Crème fraîche, saure Sahne oder Naturjogurt, dazu ein wenig zum Garnieren
Salz und schwarzer Pfeffer

1 Erhitzen Sie das Öl in einem großen, möglichst gusseisernen Topf oder einer Kasserolle.

2 Geben Sie Zwiebel und Möhre hinzu und braten sie bei mittlerer Hitze 3–4 Minuten weich, dabei ab und zu umrühren.

3 Geben Sie Tomaten, Knoblauch und Kräuter dazu. Bei schwacher Hitze zugedeckt 30 Minuten garen.

4 Das Lorbeerblatt herausnehmen. Die Suppe abgießen, Sahne oder Jogurt hinzugeben und abschmecken. Kalt stellen.

VARIATION

Statt Majoran können Sie auch Oregano und statt Thymian Petersilie verwenden.

Brunnenkresse-Orangen-Suppe

V

Diese gesunde und erfrischende Suppe ist sowohl kalt als auch warm zu empfehlen.

ZUTATEN

4 Portionen

1 große Zwiebel, gehackt
1 EL Olivenöl
2 Bündel Brunnenkresse
abgeriebene Schale und Saft einer Orange
600 ml/2½ Tassen Gemüsebrühe
150 ml/⅔ Tasse fettarme Sahne
10 ml/2 TL Stärkemehl
Salz und schwarzer Pfeffer
ein wenig Sahne oder Naturjogurt zum Garnieren
4 Orangenstücke zum Garnieren

1 Braten Sie die Zwiebel in einem großen Topf glasig. Geben Sie die Brunnenkresse unzerkleinert hinzu. Etwa 5 Minuten zugedeckt braten, bis sie weich ist.

2 Geben Sie Orangenschale, -saft und Brühe zu der Kressemischung. Aufkochen und 10–15 Minuten zugedeckt garen.

3 Pürieren Sie die Suppe im Mixer, gießen Sie nach Bedarf noch etwa ab. Mischen Sie Sahne und Stärkemehl, bis keine Klumpen bleiben. In die Suppe geben, gut verrühren und anschließend abschmecken.

4 Kochen Sie die Suppe langsam wieder auf, rühren Sie dabei um, bis sie eindickt. Eventuell nachwürzen.

5 Die Suppe mit einem Klecks Sahne oder Jogurt und einem Orangenstück servieren, das kurz vor dem Verzehr ausgedrückt wird.

6 Wenn Sie die Suppe kalt servieren, lassen Sie sie nach dem Eindicken abkühlen und stellen Sie sie kalt. Mit Sahne oder Jogurt und Orangenstücken garnieren.

V

Kalte Mandelsuppe

Wenn Sie Ihre Zeit nicht mit dem Stampfen der Zutaten verbringen wollen, ist eine Küchenmaschine unumgänglich. Dann allerdings ist die Suppe einfach zu machen, und erfrischend an heißen Tagen dazu.

ZUTATEN

6 Portionen

115 g frisches Weißbrot
750 ml/3 Tassen kaltes Wasser
115 g/1 Tasse blanchierte Mandeln
2 Knoblauchzehen, in Scheiben
5 EL Olivenöl
25 ml/1½ EL Sherryessig
Salz und schwarzer Pfeffer

Für die Garnitur

geröstete Mandelsplitter
kernlose grüne und schwarze Trauben, halbiert und gehäutet

1 Zerkleineren Sie das Brot in eine Plastikschüssel und gießen Sie 150 ml/⅔ Tasse Wasser darauf. 5 Minuten stehen lassen.

2 Zerkleinern Sie Mandeln und Knoblauch in der Küchenmaschine und mischen Sie sie in das eingeweichte Brot.

3 Geben Sie nach und nach das Öl dazu, bis die Mischung zu einer glatten Paste wird. Den Sherryessig und das restliche kalte Wasser hineingießen und glatt rühren.

4 Schmecken Sie mit Salz und Pfeffer ab, verdünnen evtl. mit etwas Wasser. Stellen Sie die Suppe wenigstens 3 Stunden kalt und bestreuen Sie vor dem Servieren mit Mandelsplittern und Trauben.

Gurken-Jogurt-Suppe mit Walnüssen

V

Die klassische Kombination von Salatgurke und Jogurt in einer besonders frischen kalten Suppe.

ZUTATEN

5–6 Portionen

1 Salatgurke

4 Knoblauchzehen

½ TL Salz

75 g/¾ Tasse Walnussstückchen

40 g altbackenes Brot in Brocken

2 EL Walnuss- oder Sonnenblumenöl

400 ml/1⅔ Tasse Naturjogurt

120 ml/½ Tasse kaltes Wasser

1–2 TL Zitronensaft

Für die Garnitur

knapp 40 g/½ Tasse grob gehackte Walnüsse

25 ml/1½ EL Olivenöl

frischer Dill

1 Halbieren Sie die Gurke und schälen Sie eine Hälfte. Dann vierteln und beiseite stellen.

2 Zerstoßen Sie in einem Mörser Knoblauch und Salz. Geben Sie Walnüsse und Brot dazu verarbeiten alles zu einer Masse.

3 Wenn die Mischung glatt ist, gießen Sie langsam Öl hinzu und vermischen Sie alles gut.

TIPP

Wenn Sie Ihre Suppe eher cremig mögen, pürieren Sie sie vor dem Servieren im Mixer.

4 Geben Sie alles in eine Schüssel und mixen Sie den Jogurt und die Gurkenstücke hinein. Das kalte Wasser und nach Geschmack Zitronensaft dazugeben.

5 Servieren Sie die Suppe in gekühlten Schalen. Garnieren Sie mit Walnussstücken, träufeln Sie Öl darauf und legen den Dill obenauf. Gleich servieren.

V

Grüne Erbsen-Minz-Suppe

Erbsen und Minze ergänzen sich zu einer Sommersuppe.

ZUTATEN

4 Portionen
50 g/4 EL Butter
4 Frühlingszwiebeln, gehackt
450 g/3 Tassen gepulte oder gefrorene Erbsen
600 ml/2½ Tassen Gemüsebrühe
2 große Zweige frische Minze
600 ml/2½ Tassen Milch
eine Prise Zucker (nach Geschmack)
Salz und schwarzer Pfeffer
kleine Zweige frischer Minze als Garnitur
fettarme Sahne zum Servieren

1 Zerlassen Sie die Butter in einem großen Topf. Geben Sie die Frühlingszwiebeln dazu und braten sie langsam bei schwacher Hitze glasig.

2 Rühren Sie die Erbsen unter. Geben Sie die Brühe und die Minze dazu und bringen alles zum Kochen. Zudecken und etwa 30 Minuten garen (15 Minuten bei gefrorenen Erbsen), bis sie zart sind. Nehmen Sie etwa 3 EL Erbsen heraus und heben sie als Garnitur auf.

3 Pürieren Sie die Suppe mit der Milch im Mixer glatt. Würzen Sie und geben evtl. eine Prise Zucker hinzu. Lassen Sie die Suppe abkühlen und stellen sie dann in den Kühlschrank.

4 Füllen Sie die Suppe in Schalen und geben auf jede einen Klecks Sahne. Garnieren Sie mit Minze und den restlichen Erbsen.

Verquirlte Rote-Bete-Aprikosen-Suppe

Diese Suppe ist durch die beiden verschiedenfarbigen Mischungen besonders reizvoll. Natürlich kann man sie auch der Einfachheit halber gemeinsam pürieren.

ZUTATEN

4 Portionen

4 große gekochte rote Bete, grob geschnitten
1 kleine Zwiebel, grob gehackt
600 ml/2½ Tassen Hühnerbrühe
200 g/1 Tasse getrocknete Aprikosen
250 ml/1 Tasse Orangensaft
Salz und frisch gemahlener schwarzer Pfeffer

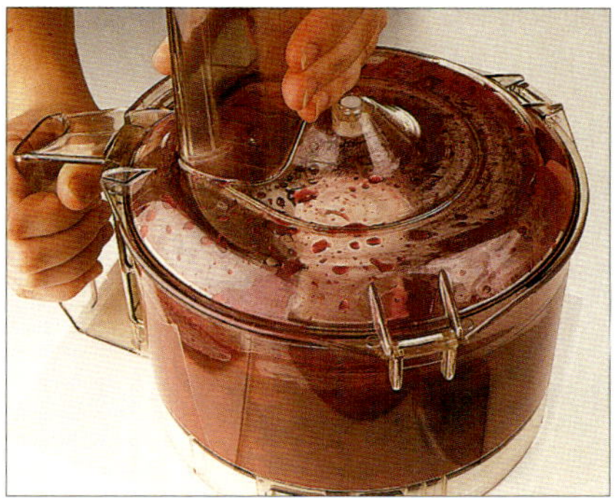

1 Kochen Sie die rote Bete und eine halbe Zwiebel mit der Brühe in einem Topf auf. Schalten Sie die Hitze herunter und lassen Sie alles zugedeckt etwa 10 Minuten köcheln. Gießen Sie die Brühe in die Küchenmaschine und pürieren sie glatt.

2 Geben Sie die übrige Zwiebel mit den Aprikosen und dem Orangensaft in einen Topf. Lassen Sie alles zugedeckt etwa 15 Minuten köcheln und pürieren Sie es im Mixer glatt.

3 Geben Sie die beiden Mischungen jeweils wieder in den Topf und erhitzen Sie sie. Salzen und pfeffern sie und verquirlen die Mischungen zu einem Marmormuster.

TIPP

Die Aprikosenmischung sollte die gleiche Konsistenz wie die Rote-Bete-Mischung haben – wenn sie zu dick ist, kann man sie mit Orangensaft verdünnen.

V

Röstpaprikasuppe

Beim Grillen intensiviert sich der Geschmack der roten und gelben Paprikaschoten, und die herrliche Farbe bleibt erhalten.

ZUTATEN

4 Portionen

3 rote Paprikaschoten
1 gelbe Paprikaschote
1 Zwiebel, gehackt
1 Knoblauchzehe, gepresst
750 ml/3 Tassen Gemüsebrühe
1 EL Mehl
Salz und schwarzer Pfeffer
rote und gelbe Paprikawürfel

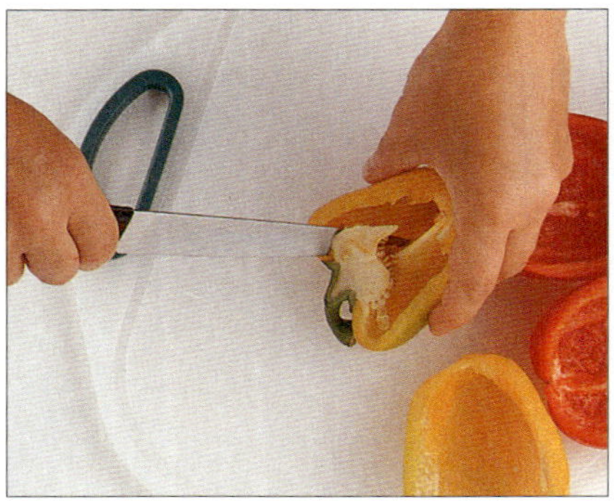

1 Heizen Sie den Ofen vor. Die Schoten halbieren, die Stiele und das weiße Mark entfernen und die Kerne herauskratzen.

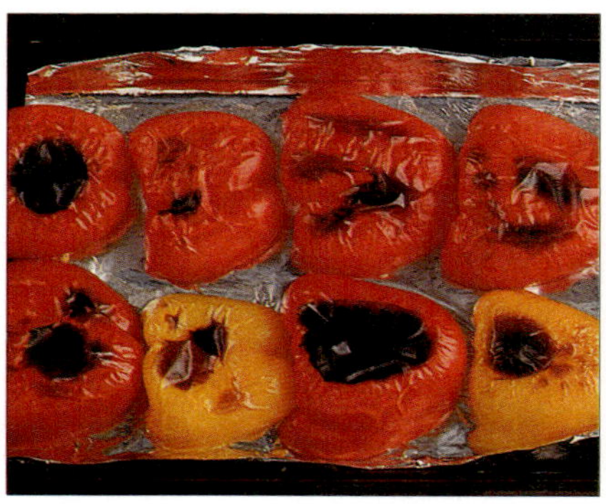

2 Legen Sie den Rost mit Folie aus und verteilen Sie die halben Schoten mit der Haut nach oben darauf. Rösten Sie sie, bis die Haut schwarz und blasig wird.

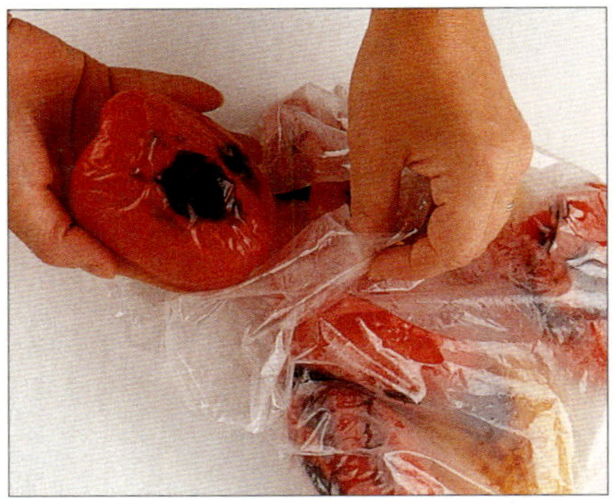

3 Lassen Sie die Schoten in einer Plastiktüte abkühlen. Schälen Sie die Haut ab und werfen Sie sie weg. Schneiden Sie das Fleisch grob.

4 Geben Sie Zwiebel, Knoblauch und 150 ml/⅔ Tasse Brühe in einen großen Topf. Etwa 5 Minuten bei schwacher Hitze kochen, bis die Brühe reduziert ist. Dann umrühren, bis die Zwiebel und der Knoblauch weich und glasig sind.

5 Streuen Sie das Mehl über die Zwiebel. Nach und nach zu der restlichen Brühe geben.

6 Geben Sie die Paprika dazugeben. Zum Kochen bringen. Den Topf zudecken und noch 5 Minuten garen.

7 Lassen Sie die Suppe leicht abkühlen, pürieren sie dann im Mixer. Mit Salz und frisch gemahlenem schwarzen Pfeffer abschmecken. Schütten Sie sie zum Erhitzen zurück in den Topf.

8 Mit einer Schöpfkelle in Suppenschalen füllen und mit gewürfeltem Paprika bestreuen.

VARIATION

Man kann die Suppe auch mit einem Klecks Jogurt statt mit Paprika garnieren.

Hühner-Nudel-Suppe

Diese leichte, klare Suppe ist einfach und schnell zuzubereiten, besonders wenn man gute Brühe vorrätig hat, und sie sieht ansprechend aus.

ZUTATEN

4–6 Portionen

900 ml/3¾ Tassen Hühnerbrühe
1 Lorbeerblatt
4 Schalotten, in Scheiben
225 g/3 Tassen weiße Pilze, in Scheiben
115 g gekochte Hühnerbrust
50 g/½ Tasse kleine Suppennudeln
150 ml/⅔ Tasse trockener Weißwein
1 EL frische Petersilie, gehackt
Salz und schwarzer Pfeffer

1 Kochen Sie die Brühe mit dem Lorbeerblatt in einem großen Topf auf. Geben Sie die Schalotten und Pilze hinzu.

2 Häuten Sie das Hühnerfleisch und schneiden Sie es in dünne Scheiben. Geben Sie es in die Suppe und schmecken Sie es mit Salz und Pfeffer ab. 2 bis 3 Minuten erhitzen.

3 Geben Sie die Nudeln in die Suppe und kochen sie zugedeckt in 7–8 Minuten *al dente*.

4 Geben Sie vor dem Servieren den Wein und die gehackte Petersilie hinein. Erhitzen Sie die Suppe nochmals 2–3 Minuten. Gleich servieren.

Zucchinisuppe mit Nudeln

Diese frische Suppe ist immer eine willkommene Abkühlung an heißen Tagen.

ZUTATEN

4–6 Portionen

4 EL Oliven- oder Sonnenblumenkernöl
2 Zwiebeln, gehackt
1,5 Liter/6¼ Tassen Hühnerbrühe
900 g Zucchini
115 g Suppennudeln
etwas Zitronensaft
2 EL frischer Kerbel, geschnitten
Salz und schwarzer Pfeffer
saure Sahne zum Servieren

1 Erhitzen Sie das Öl in einem großen Topf. Geben Sie die Zwiebeln hinein und braten sie vorsichtig zugedeckt etwa 20 Minuten unter Rühren glasig.

2 Gießen Sie die Brühe hinein und kochen Sie alles auf.

3 Rühren Sie die geraspelten Zucchini mit den Nudeln in die kochende Brühe. Garen Sie die Suppe bei schwacher Hitze zugedeckt etwa 15 Minuten, bis die Nudeln zart sind.

4 Schmecken Sie mit Zitronensaft, Salz und Pfeffer ab und rühren Sie den Kerbel hinein. Geben Sie vor dem Servieren einen Klecks Sahne auf jede Schale.

VARIATION

Sie können auch Salatgurke statt der Zucchini verwenden. Auch die Pasta lässt sich vielseitig variieren.

Jalapeñosuppe

Diese einfache, aber ungewöhnliche Suppe wird aus Hühnerfleisch, Chili und Avocado gemacht.

ZUTATEN

6 Portionen

- 1,5 Liter/6¼ Tassen Hühnerbrühe
- 2 gekochte Hühnerbrustfilets ohne Knochen, gehäutet, in Streifen
- 1 Jalapeño- oder Chipotle-Chilischote (aus dem Glas), abgewaschen
- 1 Avocado

TIPP

Das Abwaschen von eingelegten Chilischoten ist besonders wichtig, damit der Geschmack der Flüssigkeit nicht auf das Gericht übergeht.

1 Erhitzen Sie die Brühe in einem großen Topf. Geben Sie das Fleisch und die Chilischote dazu und garen alles bei schwacher Hitze 5 Minuten. Das Hühnerfleisch wird warm, und das Aroma der Chilischote entfaltet sich.

2 Halbieren, entsteinen und schälen Sie die Avocado. Schneiden Sie das Fleisch in längliche Streifen.

3 Fischen Sie die Chilischote aus der Brühe und werfen sie weg. Gießen Sie die Suppe in erwärmte Schalen; verteilen Sie dabei das Hühnerfleisch gleichmäßig.

4 Geben Sie vorsichtig ein paar Avocadostreifen auf jede Schale. Sofort heiß servieren.

Tamarinden-Erdnuss-Suppe mit Gemüse

Galangal ist eine ist eine cremefarbene Wurzel aus Südostasien. Notfalls können Sie auch ein 5 cm langes Stück Ingwerwurzel nehmen.

ZUTATEN

4 Portionen

5 Schalotten oder 1 rote Zwiebel, in Scheiben
3 Knoblauchzehen, zerdrückt
2,5 cm Galangal, geschält, in Scheiben
1 oder 2 frische rote Chilischoten, entkernt, in Scheiben
25 g/¼ Tasse rohe Erdnüsse
1 cm Garnelenpaste
1,2 Liter/5 Tassen kräftige Brühe
50–75 g/½–¾ Tasse geröstete Erdnüsse, leicht zerdrückt
1–2 EL dunkelbrauner Zucker
1 TL Tamarindenmark, 15 Minuten in 5 EL warmem Wasser eingeweicht
Salz

Für das Gemüse

1 Chayote, geschält, entkernt und in dünnen Scheiben
115 g/1 Tasse in Scheibchen geschnittene grüne Bohnen
50 g Mais (nach Geschmack)
eine Hand voll Grün, etwa Brunnenkresse, Aragula oder Napakohl, zerkleinert
1 frische grüne Chilischote als Garnitur

1 Verarbeiten Sie Schalotten bzw. Zwiebel, Knoblauch, Galangal, Chilischoten, rohe Erdnüsse und Garnelenpaste in der Küchenmaschine zu einer Creme.

2 Geben Sie etwas Brühe hinzu und gießen Sie alles in einen Topf; dann die restliche Brühe dazugeben. Kochen Sie die Mischung mit den gesalzenen Erdnüssen und dem Zucker 15 Minuten.

3 Sieben Sie das Tamarindenmark durch, entfernen die Kerne und heben den Saft auf.

4 Etwa 5 Minuten vor dem Servieren geben Sie Chayote, Bohnen und evtl. Mais dazu und kochen schnell auf. In der letzten Minute das Grün und das Salz nach Geschmack hineingeben.

5 Gießen Sie den Tamarindensaft hinzu und schmecken Sie ab. Gleich servieren, garniert mit Scheibchen grüner Chilischote.

Spinatsuppe mit Tofu

Diese delikate Suppe eignet sich zum Abmildern eines scharfen thailändischen Currygerichtes. Fischsoße und getrocknete Garnelen bekommt man in asiatischen Geschäften.

ZUTATEN

4–6 Portionen

2 EL getrocknete Garnelen

1 Liter/4 Tassen Hühnerbrühe

225 g frischer, fester Tofu, in 2 cm große Würfel geschnitten

2 EL Fischsoße

350 g frischer Spinat

frisch gemahlener schwarzer Pfeffer

2 Frühlingszwiebeln in Scheiben zum Garnieren

1 Waschen Sie die Garnelen und bringen sie mit der Hühnerbrühe in einem großen Topf zum Kochen. Geben Sie den Tofu dazu und lassen Sie alles etwa 5 Minuten köcheln. Mit Fischsoße und Pfeffer abschmecken.

2 Waschen und zerkleinern Sie die Spinatblätter gründlich. Geben Sie sie in die Suppe und garen sie weitere 1–2 Minuten.

3 Füllen Sie die Suppe in vorgewärmte Schalen und streuen Sie vor dem Servieren die Frühlingszwiebeln darauf.

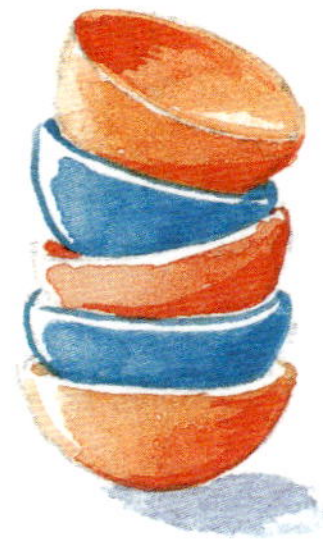

Chinesische Tofu-Salat-Suppe

V

Diese leichte Suppe ist voller buntem, aromatischem Gemüse.

ZUTATEN

4 Portionen

2 EL Erdnuss- oder Sonnenblumenkernöl

200 g geräucherter oder marinierter Tofu, gewürfelt

3 Frühlingszwiebeln, in diagonalen Streifen

2 Knoblauchzehen, in dünnen Scheiben

1 Möhre, fein geschnitten

1 Liter/4 Tassen Gemüsebrühe

2 El Sojasoße

1 EL trockener Sherry oder Wermut

1 TL Zucker

115 g/2 Tassen Römersalat, zerkleinert

Salz und schwarzer Pfeffer

1 Erhitzen Sie das Öl in einem heißen Wok. Geben Sie die Tofuwürfel dazu und braten sie unter Rühren scharf an. Auf Küchenpapier legen und beiseite stellen.

2 Geben Sie Frühlingszwiebeln, Knoblauch und Möhren in den Wok. 2 Minuten scharf anbraten und Brühe, Sojasoße, Sherry bzw. Wermut, Zucker, Salat und Tofu hinzugeben. Erwärmen Sie alles bei schwacher Hitze 1 Minute.

Chinesische Hühner-Spargel-Suppe

Wenn gerade kein frischer Spargel erhältlich ist, kann diese köstliche Suppe auch mit Dosenspargel zubereitet werden.

ZUTATEN

4 Portionen

140 g Hühnerbrusthälften, enthäutet
eine Prise Salz
1 TL Eiweiß
1 TL Stärkemehlpaste
115 g Spargel
900 ml/3 Tassen Hühnerbrühe
Salz und frisch gemahlener schwarzer Pfeffer
frisches Koriandergrün zum Garnieren

1 Schneiden Sie das Hühnerfleisch in dünne Scheiben. Geben Sie eine Prise Salz und anschließend das Eiweiß und die Stärkemehlpaste dazu.

2 Entfernen Sie die holzigen Enden des Spargels und schneiden ihn in kurze, gleichmäßige Stücke.

3 Lassen Sie die Brühe in einem Topf brodelnd kochen. Geben Sie den Spargel dazu, kochen Sie nochmals auf und kochen Sie alles 2 Minuten (nicht notwendig bei Spargel aus der Dose).

4 Geben Sie das Hühnerfleisch dazu und bringen Sie die Suppe unter Rühren zum Kochen. Schmecken Sie sie ab und servieren Sie sie heiß, garniert mit Koriandergrün.

Scharf-saure Suppe mit Zitronengras

Diese klassische Meeresfrüchtesuppe heißt eigentlich Dom Yam Goong *und ist vermutlich die bekannteste thailändische Suppe.*

ZUTATEN

4–6 Portionen

500 g große Garnelen
1 Liter/4 Tassen Hühnerbrühe oder Wasser
3 Stängel Zitronengras
10 Limonenblätter, halbiert
250 g Dosenpilze nach Wahl (kleine)
3 EL Fischsoße
4 EL Limonensaft
2 EL Frühlingszwiebeln, gehackt
1 EL frisches Koriandergrün
4 rote Chilischoten, entkernt und gehackt
2 Frühlingszwiebeln, geschnitten (zum Garnieren)

1 Schälen Sie die Garnelen und stellen Sie sie beiseite. Waschen Sie die Schalen aus und bringen sie mit der Brühe bzw. dem Wasser zum Kochen.

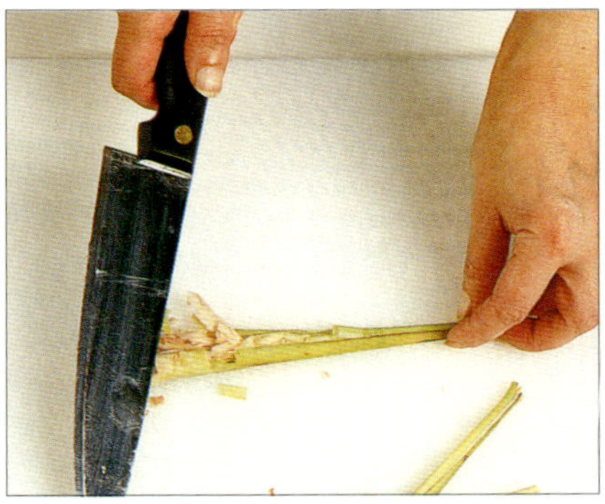

2 Zerquetschen Sie das Zitronengras mit der stumpfen Seite eines Küchenmessers und geben Sie es mit der Hälfte der Limonenblätter in die Brühe. Lassen Sie alles 5–6 Minuten köcheln, bis das Zitronengras die Farbe ändert.

3 Gießen Sie die Brühe in eine Schüssel ab und erhitzen sie nochmals in einem Topf. Die Pilze darin rosa kochen.

4 Rühren Sie Fischsoße, Limonensaft, Frühlingszwiebeln, Koriander, rote Chilischoten und die restlichen Limonenblätter ein. Beim Abschmecken sollte die Suppe sauer, salzig, würzig und scharf zugleich sein. Garnieren Sie mit geschnittenen Frühlingszwiebeln.

Enten-Consommé

Die französische Küche ist auch von der asiatischen Küche beeinflusst. Ein Beispiel dafür ist diese leichte und doch reichhaltige Suppe mit dem verführerischen Aroma Südostasiens.

ZUTATEN

4 Portionen

- 1 frische Ente (roh oder gekocht), plus 2 Beine oder Innereien, bei denen möglichst viel Fett herausgeschnitten ist
- 1 große Zwiebel, ungeschält, ohne Strunk
- 2 Möhren, in 5 cm großen Stücken
- 1 Pastinake, in 5 cm großen Stücken
- 1 Lauchstange, in 5 cm großen Stücken
- 2–4 Knoblauchzehen, zerdrückt
- 2,5 cm frische Ingwerwurzel, geschält und in Scheiben geschnitten
- 1 EL schwarze Pfefferkörner
- 4–6 frische Thymianzweige oder 1 TL getrockneter Thymian
- 6–8 Korianderzweige, Blätter und Stängel getrennt

Für die Garnitur

- 1 kleine Möhre
- 1 kleine Lauchstange, längs halbiert
- 4–6 Shiitake-Pilze, in dünnen Scheiben
- Sojasoße
- 2 Frühlingszwiebeln, in dünnen Scheiben
- Brunnenkresse oder fein geschnittene Napakohlblätter
- frisch gemahlener schwarzer Pfeffer

1 Geben Sie Fleisch und Zwiebel, Möhren, Petersilie, Lauch und Knoblauch in einen großen Topf oder eine Kasserolle. Fügen Sie Ingwer, Pfefferkörner, Thymian und die Korianderstängel hinzu. Bedecken Sie alles mit kaltem Wasser und bringen es bei mittlerer Hitze zum Kochen. Schöpfen Sie den Schaum ab.

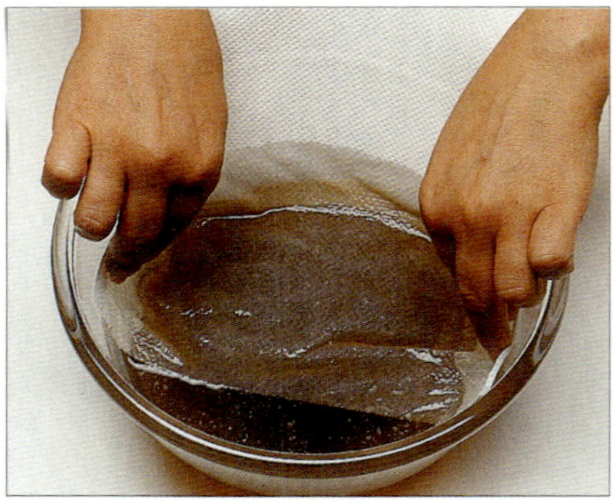

2 Bei schwacher Hitze 1½–2 Stunden garen. Seihen Sie die Brühe durch ein mit Musselin ausgelegtes Sieb ab und entfernen Knochen und Gemüse. Lassen Sie die Brühe abkühlen und stellen sie mehrere Stunden kalt. Schöpfen Sie das Fett ab und tupfen die Oberfläche mit Küchenpapier ab.

3 Schneiden Sie für die Garnitur Möhren und Lauch in 5 cm große Stücke und schneiden Sie jedes Stück längs in dünne Scheibchen. Geben Sie sie mit den in Scheiben geschnittenen Pilzen in einen großen Topf.

4 Gießen Sie die Brühe und ein paar Spritzer Sojasoße darüber. Bringen Sie die Suppe bei mittlerer Hitze zum Kochen und schöpfen erneut den Schaum ab. Schmecken Sie die Suppe ab und rühren Sie Frühlingszwiebeln und Brunnenkresse bzw. Napakohl ein. Streuen Sie vor dem Servieren Koriandergrün auf jeden Teller.

Klare Suppe mit Schweinefleisch

Die eingelegten Senfblätter für diese Suppe finden Sie in Asialäden.

ZUTATEN

4–6 Portionen

225 g eingelegte Senfblätter
50 g Glasnudeln, eingeweicht
1 EL Pflanzenöl
4 Knoblauchzehen, gehackt
1 Liter/4 Tassen Hühnerbrühe
450 g Schweinerippchen, in großen Stücken
2 EL Fischsoße
eine Prise Zucker
frisch gemahlener schwarzer Pfeffer
2 frische Chilischoten, entkernt und fein geschnitten, zum Garnieren

1 Weichen Sie die Senfblätter ein und schneiden sie in kleine Stücke. Sind sie zu salzig, müssen Sie sie noch länger einweichen.

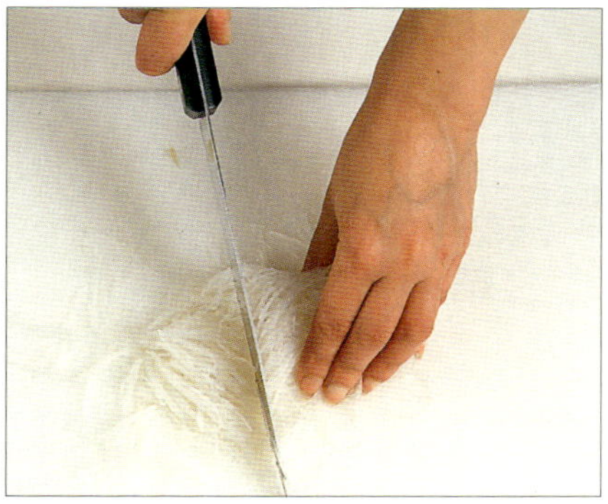

2 Gießen Sie die Glasnudeln ab, schütten Sie das Einweichwasser weg und schneiden Sie die Nudeln in etwa 5 cm lange Stücke.

3 Erhitzen Sie das Öl in einer kleinen Pfanne. Braten Sie den Knoblauch darin unter Rühren goldgelb. In eine Schüssel geben und beiseite stellen.

4 Kochen Sie die Brühe in einem Topf auf und garen Sie die Rippchen darin 10–15 Minuten.

5 Geben Sie Senfblätter und Glasnudeln dazu. Wieder aufkochen und mit Fischsoße, Zucker und frisch gemahlenem schwarzen Pfeffer abschmecken.

6 Garnieren Sie die Schalen vor dem Servieren mit dem gebratenen Knoblauch und den Chilistücken. Sehr heiß servieren.

Kräftige & cremige Suppen

V

Brokkoli-Mandel-Suppe

Eine cremige Kombination gerösteter Mandeln und dem leicht bitteren Brokkoli.

ZUTATEN

4–6 Portionen

50 g/½ Tasse blanchierte Mandeln, sehr fein gemahlen

700 g Brokkoli

900 ml/3¾ Tassen Gemüsebrühe

300 ml/1¼ Tassen entrahmte Milch

Salz und schwarzer Pfeffer

1 Heizen Sie den Backofen auf 180° C (Gas: Stufe 4) vor. Verteilen Sie die Mandeln auf einem Backblech und rösten sie im Ofen etwa 10 Minuten goldbraun. Heben Sie etwa ein Viertel der Mandeln als Garnitur auf.

2 Schneiden Sie den Brokkoli in kleine Röschen und dämpfen ihn in 6–7 Minuten zart.

3 Pürieren Sie geröstete Mandeln, Brokkoli, Gemüsebrühe und Milch in einem Mixer. Nach Geschmack mit Salz und Pfeffer würzen.

4 Erhitzen Sie die Suppe nochmals und servieren sie garniert mit gerösteten Mandeln.

Brokkolisuppe mit Stilton-Käse

Auf diese einfache, aber kräftige Suppe sollte ein eher leichtes Gericht folgen, etwa gegrilltes Fleisch, Geflügel oder Fisch.

ZUTATEN

4 Portionen

350 g Brokkoli
2 EL Butter
1 Zwiebel, gehackt
1 Stange Lauch (nur weiße Teile), gehackt
1 kleine Kartoffel, in Stücke geschnitten
600 ml/2 1/2 Tassen heiße Hühnerbrühe
300 ml/1 1/4 Tassen Milch
3 EL Sahne
115 g Stiltonkäse (oder anderer Blauschimmelkäse), zerkrümelt
Salz und schwarzer Pfeffer

1 Brechen Sie den Brokkoli in Röschen (ohne feste Stielteile). Stellen Sie einige Röschen zum Garnieren beiseite.

2 Zerlassen Sie die Butter in einem Topf und braten Zwiebel und Lauch darin glasig. Mit dem Brokkoli, der Kartoffel und der Brühe etwa 15–20 Minuten garen, bis das Gemüse zart ist.

3 Lassen Sie die Suppe leicht abkühlen und pürieren sie in einem Mixer. Gießen Sie sie durch ein Sieb in den gespülten Topf zurück.

4 Geben Sie Milch und Sahne in den Topf. Mit Salz und Pfeffer abschmecken und langsam erhitzen. Zum Schluss den Käse hineingeben; nicht kochen, sondern umrühren, bis er geschmolzen ist.

5 Blanchieren Sie in der Zwischenzeit den restlichen Brokkoli und schneiden ihn in dünne Streifen. Garnieren Sie die Portionen mit den Brokkoliröschen und grobem schwarzen Pfeffer.

Tomatensuppe mit Blauschimmelkäse

Der kräftige Geschmack gebackener Tomaten verbindet sich ausgezeichnet mit dem Schimmelkäse.

ZUTATEN

4 Portionen

1,5 kg reife Tomaten, geschält, geviertelt und entkernt
2 Knoblauchzehen, gehackt
2 EL Pflanzenöl oder Butter
1 Stange Lauch, geschnitten
1 Möhre, geschnitten
1,2 Liter/5 Tassen Hühnerbrühe ohne Salz
115 g Blauschimmelkäse, zerkrümelt
3 EL Schlagsahne
ein paar große Basilikumblätter oder 1–2 frische Petersilienzweige
1 Tasse Schinkenspeckstückchen, gekocht
Salz und schwarzer Pfeffer

1 Heizen Sie den Backofen auf 200° C vor. Verteilen Sie die Tomaten in einer Auflaufform. Mit Knoblauch, Salz und Pfeffer bestreuen. Backen Sie die Tomaten 35 Minuten im Ofen.

2 Erhitzen Sie das Öl bzw. die Butter in einem Topf und kochen Sie darin Lauch und Möhre, leicht mit Salz und Pfeffer gewürzt, bei schwacher Hitze etwa 10 Minuten unter Rühren.

3 Rühren Sie Brühe und Tomaten ein und kochen Sie alles auf. Bei schwacher Hitze etwa 20 Minuten zugedeckt garen.

4 Geben Sie Käse, Sahne und Basilikum oder Petersilie hinein und pürieren Sie die Mischung im Mixer glatt. Anschließend abschmecken.

5 Erhitzen Sie die Suppe erneut, sie darf jedoch nicht kochen. Garnieren Sie mit Schinkenspeck und Kräutern.

Blumenkohl-Walnuss-Cremesuppe

Diese Suppe wird ohne Sahne gekocht und ist trotzdem köstlich, reichhaltig und cremig.

ZUTATEN

4 Portionen

1 mittelgroßer Blumenkohl
1 Zwiebel, grob gehackt
450 ml/2 Tassen Hühner- oder Gemüsebrühe
450 ml/2 Tassen entrahmte Milch
3 EL Walnüsse
Salz und schwarzer Pfeffer
Paprikapulver und Walnüsse, gehackt (Garnitur)

1 Entfernen Sie die äußeren Blätter des Kohls. Geben Sie Blumenkohlröschen, Zwiebel und Brühe in einen großen Topf.

2 Kochen Sie die Brühe auf und garen Sie das Gemüse zugedeckt 15 Minuten. Geben Sie Milch und Walnüsse dazu und pürieren Sie alles im Mixer glatt.

3 Schmecken Sie die Suppe mit Salz und Pfeffer ab, dann wieder erhitzen und aufkochen. Streuen Sie Paprikapulver und gehackte Walnüsse darüber.

VARIATION

Sie können auch Brokkoli statt Blumenkohl verwenden, ebenso Mandeln statt der Walnüsse.

Möhrensuppe mit Koriander

Eine gute, hausgemachte Brühe gibt dieser Suppe ein reicheres Aroma als Brühwürfel.

ZUTATEN

4 Portionen

4 EL Butter
3 Stangen Lauch, geschnitten
3 Tassen Möhrenscheiben
1 EL gemahlener Koriander
1,2 Liter/5 Tassen Hühnerbrühe
150 ml/2/3 Tasse Naturjogurt
Salz und schwarzer Pfeffer
2–3 EL frischer Koriander, gehackt, als Garnitur

1 Zerlassen Sie die Butter in einem Topf. Geben Sie Lauch und Möhren dazu; gut umrühren. Zugedeckt 10 Minuten kochen, bis das Gemüse weich wird.

2 Noch 1 Minute mit dem Koriander kochen. Gießen Sie die Brühe hinein und schmecken ab, dann kochen Sie alles auf. Bei schwacher Hitze zugedeckt 20 Minuten kochen, bis der Lauch und die Möhren zart sind.

3 Lassen Sie die Suppe leicht abkühlen und pürieren Sie sie im Mixer. Mit 2 EL Jogurt wieder in den gespülten Topf geben. Anschließend abschmecken und wieder erhitzen; allerdings nicht mehr kochen.

4 Geben Sie auf jede Portion einen Löffel Jogurt und streuen Sie den gehackten Koriander darüber. Gleich servieren.

Möhrensuppe mit Ingwer

Die Schärfe des Ingwers ergänzt sich ideal mit dem süßen Geschmack gekochter Möhren.

ZUTATEN

6 Portionen

2 EL Butter oder Margarine
1 Zwiebel, gehackt
1 Stange Sellerie, geschnitten
1 mittlere Kartoffel, in Stücke geschnitten
700 g Möhren, geschnitten
2 TL frische Ingwerwurzel, gehackt
1,2 Liter/5 Tassen Hühnerbrühe
7 EL Schlagsahne
eine kräftige Prise Muskat
Salz und schwarzer Pfeffer

1 Zerlassen Sie die Butter oder Margarine. Geben Sie Zwiebel und Sellerie dazu und kochen sie in etwa 5 Minuten weich.

2 Mit Kartoffel, Möhren, Ingwer und Brühe unter Rühren aufkochen. Garen Sie die Suppe bei schwacher Hitze zugedeckt etwa 20 Minuten.

3 Pürieren Sie die Suppe im Mixer oder mit einem Pürierstab und gießen sie in den Topf zurück. Rühren Sie Sahne und Muskat ein und schmecken Sie die Suppe mit Salz und Pfeffer ab. Zum Servieren wieder kurz erhitzen.

Erdartischockensuppe

Mit einem Klecks Safransahne ist diese Suppe toll an kalten Tagen.

ZUTATEN

4 Portionen

4 EL Butter
1 Zwiebel gehackt
500 g Erdartischocken, geschält und geschnitten
900 ml/3³/₄ Tassen Hühnerbrühe
150 ml/²/₃ Tasse Milch
150 ml/²/₃ Tasse Sahne
eine kräftige Prise Safranpulver
Salz und schwarzer Pfeffer
frischer Schnittlauch, gehackt

1 Zerlassen Sie die Butter in einem schweren Topf. Geben Sie die Zwiebel hinein und braten sie unter Rühren in 5–8 Minuten glasig.

2 Geben Sie die Erdartischocken hinein und schwenken Sie sie in der Butter. Kochen Sie sie 10–15 Minuten zugedeckt; lassen sie jedoch nicht braun werden. Nun gießen Sie die Hühnerbrühe und die Milch dazu und lassen sie ohne Deckel 15 Minuten köcheln. Pürieren Sie die leicht abgekühlte Suppe im Mixer glatt.

3 Gießen Sie die Suppe in den gespülten Topf ab. Geben Sie die Hälfte der Sahne dazu; dann abschmecken und wieder erhitzen. Schlagen Sie die restliche Sahne mit dem Safran auf und garnieren jede Portion mit einem Löffel Safransahne. Vor dem Servieren streuen Sie ein wenig Schnittlauch auf die Suppe.

Würzige Pastinakensuppe

Diese Cremesuppe erhält durch die aromatische, würzige Garnitur aus Knoblauch und Senfsamen das gewisse Etwas.

ZUTATEN

4–6 Portionen

3 EL Butter
1 Zwiebel, gehackt
700 g/5½ Tassen Pastinaken, gewürfelt
1 TL gemahlener Koriander
½ TL gemahlener Kreuzkümmel
½ TL gemahlenes Kurkuma
¼ TL Cayennepfeffer
1,2 Liter/5 Tassen Hühnerbrühe
150 ml/⅔ Tasse fettarme Sahne
1 EL Sonnenblumenöl
1 Knoblauchzehe, in feinen Scheiben
2 TL gelbe Senfsamen
Salz und schwarzer Pfeffer

1 Zerlassen Sie die Butter in einem Topf. Zwiebel und Pastinaken darin 3 Minuten braten.

2 Braten Sie noch eine Minute mit den Gewürzen. Die Brühe hineingeben, mit Salz und Pfeffer würzen und aufkochen.

3 Lassen Sie die Suppe bei schwacher Hitze zugedeckt 45 Minuten köcheln, bis die Pastinaken zart sind. Leicht abkühlen lassen, dann im Mixer pürieren. Geben Sie die Sahne hinein und erhitzen Sie die Suppe langsam auf niedriger Stufe.

4 Erhitzen Sie das Öl in einem kleinen Topf. Braten Sie den Knoblauch darin mit den Senfsamen glasig. Wenn die Senfsamen aufplatzen und knallen, nehmen Sie den Topf vom Herd.

5 Füllen Sie die Suppe in vorgewärmte Schalen und und geben Sie auf jede Portion ein wenig von der würzigen Garnitur. Gleich servieren.

Marokkanische Gemüsesuppe

Eine reichhaltige Suppe aus Pastinaken und Kürbis.

ZUTATEN

4 Portionen

1 EL Oliven- oder Sonnenblumenöl
1 EL Butter
1 Zwiebel, gehackt
225 g/1 1/2 Tassen Möhren, geschnitten
225 g/1 1/2 Tassen Pastinaken, geschnitten
225 g Kürbis
900 ml/etwa 3 3/4 Tassen Gemüse- oder Hühnerbrühe
Zitronensaft nach Geschmack
Salz und schwarzer Pfeffer

Für die Garnitur

1 1/2 TL Olivenöl
1/2 Knoblauchzehe
3 EL frische Petersilie und Koriander, gehackt
eine kräftige Prise Paprikapulver

1 Erhitzen Sie das Öl mit der Butter in einem Topf und braten Sie die Zwiebel darin 3 Minuten unter Rühren weich. Rühren Sie die Möhren und Pastinaken hinein. Zugedeckt bei schwacher Hitze 5 Minuten braten.

2 Schneiden Sie den Kürbis ohne Schale und Kerne in Stücke. In den Topf rühren und noch 5 Minuten zugedeckt braten. Dann mit Brühe und Gewürzen langsam zum Kochen bringen. Zugedeckt 35–40 Minuten kochen, bis das Gemüse zart ist.

3 Lassen Sie die Suppe leicht abkühlen. Pürieren Sie sie im Mixer glatt; geben Sie dabei etwas Wasser dazu, wenn sie zu dick ist. Gießen Sie sie zurück in den gespülten Topf und erhitzen sie wieder langsam.

4 Erhitzen Sie für die Garnitur Öl in einem kleinen Topf. Braten Sie dann Knoblauch und Kräuter 1–2 Minuten, geben Sie Paprika hinein und rühren Sie gut um.

5 Schmecken Sie ab, auf Wunsch mit Zitronensaft. Verrühren Sie die Garnitur leicht in jeder Schale.

Cremige Zucchini-Dolcelatte-Suppe

V

Diese Suppe vereinigt eine hübsche Farbe mit cremiger Konsistenz und subtilem Aroma. Sie können auch Gorgonzola-Käse verwenden, der intensiver schmeckt.

ZUTATEN

4–6 Portionen

2 EL Olivenöl
1 EL Butter
1 Zwiebel, grob gehackt
900 g/6 Tassen Zucchini, geschnitten
1 TL getrockneter Oregano
etwa 600 ml/2½ Tassen Gemüsebrühe
115 g Dolcelatte-Käse ohne Rinde, gewürfelt
300 ml/1¼ Tassen fettarme Sahne
Salz und schwarzer Pfeffer

Zum Garnieren

frische Oreganozweige
zusätzlicher Dolcelatte-Käse

1 Erhitzen Sie Öl und Butter in einem Topf, bis sie schäumen. Geben Sie die Zwiebel hinein und braten sie etwa 5 Minuten unter Rühren glasig.

2 Geben Sie Zucchini und Oregano sowie Salz und Pfeffer dazu. Bei mittlerer Hitze unter Rühren 10 Minuten braten.

3 Gießen Sie die Brühe hinein und bringen sie unter Rühren zum Kochen. Bei schwacher Hitze halb zugedeckt etwa 30 Minuten garen. Rühren Sie den gewürfelten Dolcelatte hinein, bis er schmilzt.

4 Pürieren Sie die Suppe im Mixer glatt und gießen sie durch ein Sieb in den gespülten Topf ab.

5 Rühren Sie bei schwacher Hitze zwei Drittel der Sahne ein. Eventuell muss die Suppe mit Brühe verdünnt werden. Abschmecken und ggf. nachwürzen.

6 Rühren Sie in jede Portion leicht die restliche Sahne ein und garnieren Sie mit frischem Oregano und weiterem zerkrümelten Dolcelatte. Gleich servieren.

V

Frische Erbsensuppe St. Germain

In St. Germain, einem Vorort von Paris, zog man früher Erbsen in Handelsgärtnereien.

ZUTATEN

2–3 Portionen

ein kleines Stück Butter
2 oder 3 Schalotten, geschnitten
400 g/3 Tassen frische, geschälte Erbsen (von etwa 1,5 kg Gartenerbsen)
500 ml/2¼ Tassen Wasser
3–4 EL Schlagsahne (nach Geschmack)
Salz und frisch gemahlener schwarzer Pfeffer
Croutons zum Garnieren

1 Zerlassen Sie die Butter in einem Topf oder einer Kasserolle. Geben Sie die Schalotten dazu und braten sie etwa 3 Minuten unter Rühren.

2 Geben Sie Erbsen und Wasser dazu, würzen Sie mit Salz und Pfeffer und garen Sie alles zugedeckt etwa 12 Minuten bei jungen und bis zu 18 Minuten bei größeren oder älteren Erbsen.

3 Wenn die Erbsen zart sind, pürieren Sie sie mit etwas Kochflüssigkeit im Mixer glatt.

4 Gießen Sie die Suppe in den gespülten Topf zurück. Falls gewünscht, Sahne unterrühren. Erwärmen Sie die Suppe ohne Kochen und würzen Sie. Heiß servieren, garniert mit Croutons.

TIPP

Man kann auch gefrorene Erbsen verwenden, allerdings aufgetaut und abgegossen.

Grüne Bohnensuppe mit Parmesan

V

Frische grüne Bohnen ergänzen sich vortrefflich mit Parmesan. Einfach, aber köstlich!

ZUTATEN

4 Portionen

2 EL Butter oder Margarine

225 g grüne Bohnen, geschnitten

1 Knoblauchzehe, zerdrückt

450 ml/knapp 2 Tassen Gemüsebrühe -körner ×

40 g/½ Tasse Parmesankäse ×

50 ml/¼ Tasse Sahne

Salz und schwarzer Pfeffer

2 EL frische Petersilie, geschnitten, zum Garnieren

× eher sparsam, sonst schmeckt man die Bohnen kaum

1 Zerlassen Sie die Butter bzw. Margarine in einem Topf. Bohnen und Knoblauch hineingeben und 2–3 Minuten bei mittlerer Hitze unter Rühren braten.

2 Gießen Sie die Brühe hinein und würzen Sie mit Salz und Pfeffer. Aufkochen und bei schwacher Hitze ohne Deckel 10–15 Minuten garen.

3 Pürieren Sie die Suppe im Mixer oder mit einem Pürierstab. Gießen Sie sie wieder in den Topf und erhitzen sie langsam.

4 Rühren Sie Parmesankäse und Sahne ein und streuen Sie Petersilie darüber. Heiß servieren.

V

Spinatcremesuppe

Auf diese köstliche Cremesuppe werden Sie vermutlich immer wieder zurückgreifen.

ZUTATEN

4 Portionen

2 EL Butter
1 kleine Zwiebel, gehackt
700 g frischer Spinat, geschnitten
1,2 Liter/5 Tassen Gemüsebrühe
50 g Kokoscreme
frisch gemahlener Muskat
300 ml/1¼ Tassen fettarme Sahne
Salz und schwarzer Pfeffer
frischer Schnittlauch, gehackt

1 Erhitzen Sie die Butter in einem Topf bei mittlerer Hitze. Die Zwiebel darin einige Minuten weich sautieren. Geben Sie den Spinat hinein und braten Sie ihn langsam 10 Minuten, bis er schlaff wird und einsinkt.

2 Pürieren Sie die Spinatmischung im Mixer glatt. Gießen Sie dabei etwas Brühe hinzu.

3 Geben Sie alles in den gespülten Topf zurück. Garen Sie mit der restlichen Brühe, der Kokoscreme sowie Salz, Pfeffer und Muskat 15 Minuten lang.

4 Rühren Sie die Sahne ein und wärmen Sie die Suppe durch; nicht kochen. Heiß servieren, garniert mit Schnittlauch.

Brunnenkressesuppe

V

Zu dieser schmackhaften, reichhaltigen Suppe passt am besten knuspriges Brot.

ZUTATEN

4 Portionen

1 EL Sonnenblumenöl
1 EL Butter
1 Zwiebel, gehackt
1 Kartoffel, gewürfelt
etwa 175 g Brunnenkresse
400 ml/1¾ Tassen Gemüsebrühe
400 ml/1¾ Tassen Milch
Zitronensaft nach Geschmack
Salz und schwarzer Pfeffer
saure Sahne zum Garnieren

1 Erhitzen Sie das Öl mit der Butter in einem Topf und braten Sie die Zwiebel darin glasig. Geben Sie die Kartoffel hinein und braten Sie weitere 2–3 Minuten. Zugedeckt 5 Minuten unter Rühren ausschwitzen lassen.

2 Trennen Sie die Kresseblätter von den Stängeln und schneiden Sie die Stängel grob.

TIPP

Wenn Sie die saure Sahne weglassen, ist diese Suppe sehr kalorienarm.

3 Rühren Sie die Stängel mit der Milch und der Brühe in den Topf; dann abschmecken und aufkochen. Teilweise zugedeckt 10–12 Minuten garen, bis die Kartoffeln zart sind. Geben Sie fast alle Kresseblätter hinein und garen Sie die Suppe weitere 2 Minuten.

4 Pürieren Sie die Suppe im Mixer, gießen Sie sie in den Topf zurück und erhitzen sie langsam mit der restlichen Kresse.

5 Schmecken Sie die Suppe heiß ab, eventuell mit Zitronensaft.

6 Füllen Sie die Suppe in vorgewärmte Teller und garnieren Sie jede vor dem Servieren mit etwas saurer Sahne.

Avocadocremesuppe

Avocados sind fantastisch für Suppe – köstlich und erfrischend.

ZUTATEN

4 Portionen

2 große, reife Avocados

oder etw. weniger 1 Liter/4 Tassen Hühnerbrühe

250 ml/1 Tasse fettarme Sahne weniger

Salz und weißer Pfeffer

1 EL frischer Koriander, geschnitten, zum Garnieren (nach Geschmack)

1 Halbieren, entsteinen und zerquetschen Sie die Avocado. Drücken Sie das Avocadofleisch mit einem Holzlöffel durch ein Plastiksieb in eine vorgewärmte Suppenschüssel. sehr gründlich!

2 Erhitzen Sie die Brühe mit der Sahne in einem Topf. Wenn sie heiß ist (aber nicht kocht), rühren Sie sie in das Avocadomus in der Schüssel. Hühner Brühe nicht vorschmecken lassen!

3 Mit Salz und Pfeffer abschmecken und gleich servieren; eventuell mit Koriander bestreuen. Die Suppe lässt sich auch kalt auftragen.

sehr sanfter Geschmack

Rote Paprikacremesuppe

Paprikaschoten erhalten beim Rösten ein süßes, rauchiges Aroma, das hervorragend zu Salaten passt oder auch – wie hier – zu einer samtigen Suppe mit einem Hauch von Rosmarin. Die Suppe schmeckt heiß oder kalt gleichermaßen.

ZUTATEN

4 Portionen

4 rote Paprikaschoten
2 EL Butter
1 Zwiebel, gehackt
1 frischer Rosmarinzweig
1,2 Liter/5 Tassen Hühnerbrühe oder leichte Gemüsebrühe
3 EL Tomatenmark
1/2 Tasse Vollfettsahne
Paprikapulver
Salz und schwarzer Pfeffer

1 Heizen Sie den Ofen vor. Backen Sie die Schoten bei hoher Temperatur, dabei immer wenden, bis die Haut schwarz ist. Kühlen Sie sie anschließend 20 Minuten in einer verschlossenen Plastiktüte.

2 Schaben Sie die schwarze Haut von den Schoten. Nicht abspülen, da dabei Saft und der rauchige Geschmack verloren gehen.

3 Halbieren und entkernen Sie die Schoten und schneiden Sie die Stängel und das Weiße ab. Anschließend klein schneiden.

4 Zerlassen Sie die Butter in einem Topf. Zwiebel und Rosmarin hineingeben und langsam 5 Minuten bei schwacher Hitze braten. Den Rosmarin entfernen.

5 Geben Sie Brühe und Paprikaschoten hinein; aufkochen und 15 Minuten garen. Das Tomatenmark unterrühren und die Suppe im Mixer pürieren.

6 Rühren Sie die Hälfte der Sahne ein und schmecken Sie mit Paprika, Salz und Pfeffer ab.

7 Servieren Sie die Suppe heiß oder kalt, garniert mit der restlichen Sahne. Bestreuen Sie die Sahne leicht mit einer Prise Paprikapulver.

Tomatencremesuppe

Tomatensuppe ist ein Klassiker. Dieses Rezept ist mit Kräutern und Sahne verfeinert.

ZUTATEN

4 Portionen

2 EL Butter oder Margarine
1 Zwiebel, gehackt
1 kg Tomaten, geschält und geviertelt
2 Möhren, geschnitten
500 ml/2 Tassen Hühnerbrühe
2 EL frische Petersilie, gehackt
½ TL frische Thymianblätter, dazu noch ein wenig zum Garnieren
5 EL Schlagsahne (nach Geschmack)
Salz und schwarzer Pfeffer

1 Zerlassen Sie die Butter oder Margarine in einem großen Topf und braten Sie die Zwiebel darin in 5 Minuten weich.

2 Rühren Sie Tomaten, Möhren, Hühnerbrühe, Petersilie und Thymian ein und bringen Sie die Suppe zum Kochen. Das Gemüse bei schwacher Hitze zugedeckt 15–20 Minuten garen.

3 Pürieren Sie die Suppe in einem Mixer und gießen sie in den Topf zurück.

4 Mit der Sahne (falls gewünscht) wieder erhitzen und mit Salz und Pfeffer abschmecken. Servieren Sie die Suppe heiß in vorgewärmten Schalen, garniert mit frischen Thymianblättern.

TIPP

Für diese traditionelle Suppe eignen sich fleischige, aromatische Romatomaten am besten.

Frühlingszwiebel-Cremesuppe

V

Diese Suppe überrascht mit einem wohlschmeckenden Zwiebelaroma.

ZUTATEN

4–6 Portionen

- 2 EL Butter
- 1 kleine Zwiebel, gehackt
- 150 g/1¾ Tasse Frühlingszwiebeln, gehackt
- 225 g/1½ Tassen Kartoffeln, gewürfelt
- 2½ Tassen Gemüsebrühe
- 1½ Tassen fettarme Sahne
- 2 EL Zitronensaft
- Salz und weißer Pfeffer
- Frühlingszwiebeln oder Schnittlauch, gehackt

1 Braten Sie Zwiebel und Frühlingszwiebel in Butter 10 Minuten zugedeckt in einem Topf bei niedriger Temperatur.

2 Kartoffeln und Brühe hinzugeben und aufkochen. Wieder bedecken und bei mittlerer Temperatur etwa 30 Minuten garen. Leicht abkühlen lassen.

3 Pürieren Sie die Suppe im Mixer.

4 Wenn Sie die Suppe heiß servieren, erhitzen sie in dem gespülten Topf mit Sahne, Salz und Pfeffer; dabei ab und zu umrühren. Den Zitronensaft dazugeben.

5 Servieren Sie die Suppe kalt, werden einfach Sahne und Zitronensaft eingerührt und mit Salz und Pfeffer gewürzt. Dann für mindestens 1 Stunde kalt stellen.

6 Vor dem Servieren mit Frühlingszwiebeln bzw. Schnittlauch bestreuen.

V

Sellerie-Spinat-Suppe

Die Selleriewurzel hat einen wundervollen Geschmack mit nussigen Anklängen. Mit Spinat kombiniert, wird eine herrliche Suppe daraus.

ZUTATEN

6 Portionen

1 Liter Wasser
250 ml/1 Tasse trockener Weißwein
1 Stange Lauch in dicken Scheiben
500 g/3½ Tassen Selleriewurzel, gewürfelt
200 g frische Spinatblätter
frisch gemahlener Muskat
Salz und schwarzer Pfeffer
¼ Tasse Pinienkerne zum Garnieren

1 Vermischen Sie das Wasser und den Wein. Geben Sie Lauch, Sellerie und Spinat in einen Topf, gießen Sie die Flüssigkeit darüber und bringen Sie sie zum Kochen. 10–15 Minuten zugedeckt bei schwacher Hitze garen.

2 Pürieren Sie das Gemüse mit der Flüssigkeit im Mixer. Geben Sie alles in den gespülten Topf zurück und schmecken Sie mit Salz, Pfeffer und Muskat ab, bevor Sie die Suppe langsam wieder erhitzen.

3 Rösten Sie die Pinienkerne in einer antihaftbeschichteten Pfanne (ohne Öl) unter Rühren, bis sie goldbraun sind. Streuen Sie sie vor dem Servieren über die Suppe.

TIPP

Wenn die Suppe zu dick ist, kann man sie beim Pürieren mit Wasser oder Milch verdünnen.

V

Frische Pilzsuppe mit Estragon

Eine leichte Pilzsuppe mit einem Hauch von Estragon.

ZUTATEN

6 Portionen

1 EL Butter oder Margarine
4 Schalotten, gehackt
450 g/6 Tassen Pilze, klein geschnitten
300 ml/1¼ Tassen Gemüsebrühe
300 ml/1¼ Tassen Milch
1–2 EL frischer Estragon, gehackt
2 EL trockener Sherry (nach Geschmack)
Salz und schwarzer Pfeffer
frische Estragonzweige zum Garnieren

1 Zerlassen Sie die Butter oder Margarine in einem Topf und braten darin die Schalotten 5 Minuten. Die Pilze dazugeben und weitere 3 Minuten unter Rühren braten. Dann die Brühe und die Milch zugeben.

2 Bringen Sie alles zum Kochen und garen es zugedeckt 20 Minuten bei schwacher Hitze, bis das Gemüse weich ist. Rühren Sie den Estragon ein und würzen Sie mit Salz und Pfeffer.

3 Lassen Sie die Suppe ein wenig abkühlen und pürieren Sie sie im Mixer glatt (falls nötig, portionsweise). Gießen Sie sie in den Topf zurück und erhitzen sie wieder langsam.

4 Nach Geschmack den Sherry einrühren. Füllen Sie die Suppe in Schalen und garnieren sie mit Estragonzweigen.

VARIATION

Probieren Sie eine Mischung von weißen Champignons und Wildpilzen.

V

Pilzcremesuppe

In einer guten Pilzsuppe kann sich das feine Aroma von Pilzen am besten entfalten. Die weißen Pilze werden hier vorwiegend wegen ihrer Farbe verwendet; braune Zucht- oder noch besser Wildpilze geben einen volleren Geschmack.

ZUTATEN

4 Portionen

275 g weiße Pilze
1 EL Sonnenblumenöl
3 EL Butter
1 kleine Zwiebel, gehackt
1 EL Mehl
500 ml/2 Tassen Gemüsebrühe
500 ml/2 Tassen Milch
eine Prise getrocknetes Basilikum
2–3 EL fettarme Sahne (nach Geschmack)
Salz und schwarzer Pfeffer
frische Basilikumblätter zum Garnieren

1 Trennen Sie Köpfe von den Stängeln der Pilze. Schneiden Sie beides klein.

2 Erhitzen Sie das Öl und die Hälfte der Butter in einem Topf. Geben Sie die Zwiebel, die Pilzstängel und etwa drei Viertel der Pilzköpfe dazu. Braten Sie sie 1–2 Minuten unter Rühren lassen sie bei niedriger Temperatur 6–7 Minuten unter gelegentlichem Rühren ausschwitzen.

3 Rühren Sie das Mehl ein und braten Sie noch etwa 1 Minute. Nach und nach die Brühe und die Milch hinzugeben, würzen und abschmecken, die Suppe aufkochen. Bei schwacher Hitze teilweise zugedeckt 15 Minuten garen.

4 Lassen Sie die Suppe leicht abkühlen und pürieren sie im Mixer glatt. Zerlassen Sie die restliche Butter in einer Pfanne. Den Rest Pilze dazugeben und bei geringer Temperatur 3–4 Minuten braten, bis sie zart sind.

5 Gießen Sie die Suppe in den gespülten Topf zurück und rühren Sie die gebratenen Pilzte ein. Stark erhitzen, abschmecken und nach Geschmack Sahne dazugeben. Mit frischen Basilikumblättern garnieren.

Balinesische Gemüsesuppe

V

Alle Gemüse der Saison können für diese Suppe genommen werden. In Bali nennt man sie Sayur Oelih.

ZUTATEN

8 Portionen

225 g grüne Bohnen
1,2 Liter/5 Tassen kochendes Wasser
400 ml/1⅔ Tassen Kokosmilch
1 Knoblauchzehe
2 Makadamianüsse oder 4 Mandeln
1 cm Garnelenpaste
2–3 TL Koriandersamen, trocken gebraten und gemahlen
Öl zum Braten
1 Zwiebel, fein gehackt
2 Duan Salam- oder Lorbeerblätter
225 g Bohnensprossen
2 EL Zitronensaft
Salz

1 Schneiden Sie die Enden der Bohnen ab. Kochen Sie die klein geschnittenen Bohnen 3–4 Minuten in dem kochenden Salzwasser. Gießen Sie sie ab und lassen Sie das Kochwasser stehen.

2 Schöpfen Sie 3–4 Esslöffel der Sahne auf der Kokosmilch ab und stellen sie beiseite.

3 Pürieren Sie den Knoblauch, die Nüsse, die Garnelenpaste und den Koriander im Mixer oder mit einem Mörser.

4 Erhitzen Sie das Öl in einem Topf und braten Sie die Zwiebeln darin glasig. Nehmen Sie sie heraus und stellen sie beiseite. Dann braten Sie die Paste 2 Minuten. Gießen Sie das Kochwasser und die Kokosmilch hinein und kochen alles auf. Mit Duan Salam oder Lorbeer 15–20 Minuten ohne Deckel kochen

5 Geben Sie kurz vor dem Servieren Bohnen, gebratene Zwiebel, Bohnensprossen, Kokoscreme und Zitronensaft hinzu. Schmecken Sie ab und würzen Sie ggf. nach. Gleich servieren.

V

Jogurtsuppe

Kichererbsenmehl bekommt man in Asialäden.

ZUTATEN

4–6 Portionen

500 ml/2 Tassen Naturjogurt, cremig gerührt
25 g/1/4 Tasse Kichererbsenmehl (Besan)
1/2 TL Cayennepfeffer
1/2 TL Kurkuma
Salz zum Abschmecken
2 oder 3 grüne Chilischoten, gehackt
4 EL Pflanzenöl
1 ganze getrocknete rote Chilischote
1 TL Kreuzkümmelsamen
3 oder 4 Curryblätter
3 Knoblauchzehen, zerdrückt
5 cm Ingwerwurzel, geschält, zerdrückt
2 EL frischer Koriander, gehackt

1 Vermischen Sie Jogurt, Mehl, Pfeffer und Kurkuma sowie Salz und Pfeffer und sieben Sie alles in einen Topf. Geben Sie die grüne Chili hinein und köcheln alles etwa 10 Minuten unter Rühren. Lassen Sie die Suppe keinesfalls überkochen.

2 Erhitzen Sie das Öl in einer Pfanne. Geben Sie die übrigen Gewürze, Knoblauch und Ingwer hinzu und braten Sie, bis die Chilischote schwarz wird. Rühren Sie 1 Esslöffel gehackten Koriander ein.

3 Geben Sie die Gewürze über die Suppe und lassen sie 5 Minuten zugedeckt stehen. Dann umrühren und weitere 5 Minuten erwärmen. Heiß servieren, garniert mit dem restlichen Koriander.

Eier-Käse-Suppe

Für diese klassische römische Suppe werden Eier und Käse in heiße Brühe geschlagen. Dadurch wird die Suppe charakteristisch flockig.

ZUTATEN

6 Portionen

3 Eier

3 EL feiner Weizengrieß

6 EL geriebener Parmesankäse

eine Prise frisch gemahlener Muskat

1,5 Liter/6¹/₄ Tassen Fleisch- oder Hühnerbrühe

Salz und schwarzer Pfeffer

12 Scheiben Baguette zum Servieren

1 Schlagen Sie die Eier in einer Schüssel mit dem Grieß und dem Käse. Muskat dazugeben und 1 Tasse kalte Brühe hineinmixen.

2 Bringen Sie die restliche Brühe in einem großen Topf zum Sieden.

3 Wenn die Brühe heiß ist, die Eiermischung hineinmixen. Die Temperatur erhöhen und gerade zum Kochen bringen. Salzen, pfeffern und 3–4 Minuten kochen. Das kochende Ei macht die Suppe körniger.

4 Zum Servieren jeweils 2 Scheiben Baguette in jeden Suppenteller legen. Die heiße Suppe darübergießen und heiß servieren.

Maiscremesuppe

Diese Suppe ist einfach und sehr schmackhaft. Man kann sie mit saurer Sahne oder mit Quark zubereiten. Chili verleiht auf Wunsch feurige mexikanische Würze.

ZUTATEN

4 Portionen

2 EL Maiskeimöl
1 Zwiebel, fein gehackt
1 rote Paprika, entkernt und geschnitten
500 g/2⅔ Tassen Mais, aufgetaut (falls gefroren)
750 ml/3 Tassen Hühnerbrühe
1 Tasse fettarme Sahne
Salz und schwarzer Pfeffer
½ rote Paprikaschote, entkernt und fein gewürfelt, zum Garnieren

1 Erhitzen Sie das Öl in einer Pfanne und sautieren darin Zwiebel und Paprika 5 Minuten. Geben Sie den Mais dazu und sautieren Sie weitere 2 Minuten.

2 Füllen Sie den Inhalt der Pfanne vorsichtig in die Küchenmaschine und pürieren Sie alles. Schaben Sie die Mischung aus dem Mixer und geben eventuell noch ein wenig Brühe hinzu.

3 Gießen Sie alles in einen Topf und rühren Sie nach Geschmack Salz und Pfeffer ein. Zum Sieden bringen und 5 Minuten kochen.

4 Rühren Sie langsam die Sahne ein. Servieren Sie die Suppe heiß (in diesem Falle nach dem Unterrühren der Sahne nochmals erhitzen) oder kalt, garniert mit roter Paprika. Nicht kochen.

Weiße Bohnensuppe

Nehmen Sie Gartenbohnen oder Limabohnen für diese samtige Suppe.

ZUTATEN

4 Portionen

175 g/3/4 Tasse getrocknete weiße Bohnen, über Nacht eingeweicht
2–3 EL Öl
2 große Zwiebeln, gehackt
4 Selleriestangen, geschnitten
1 Pastinake, gehackt
1 Liter Hühnerbrühe
Salz und schwarzer Pfeffer
frischer Koriander und Paprikapulver zum Garnieren

1 Kochen Sie die abgegossenen Bohnen 10 Minuten schnell in frischem Wasser. Abgießen, mit frischem Wasser übergießen und 1–2 Stunden garen. Stellen Sie die Flüssigkeit beiseite und holen Sie Schalenreste heraus.

2 Das Öl in einem Topf erhitzen und Zwiebeln, Sellerie und Pastinake 3 Minuten sautieren.

3 Geben Sie die Bohnen und die Brühe hinzu und kochen Sie so lange, bis das Gemüse zart ist. Lassen Sie die Suppe leicht abkühlen und pürieren sie im Mixer, bis sie eine samtige Konsistenz hat.

4 Die Suppe wieder erhitzen und falls nötig mit etwas Bohnenflüssigkeit oder Wasser verdünnen. Dann abschmecken.

5 Füllen Sie die Suppe in vorgewärmte Teller und garnieren sie mit frischem Koriander und Paprikapulver.

TIPP

Man kann durchaus auch 400 g Cannellini- oder Limabohnen aus der Dose verwenden. Sie müssen vorher abgegossen und gewaschen werden.

Kürbis-Kokos-Suppe

Süße Aromen vereinigen sich hervorragend mit Schärfe in dieser Cremesuppe, die an die asiatische Küche anlehnt.

ZUTATEN

4–6 Portionen

2 Knoblauchzehen, zerdrückt
4 Schalotten, gehackt
½ TL Garnelenpaste
1 EL getrocknete Garnelen, 10 Minuten eingeweicht und abgegossen
1 Zitronengrasstängel
2 frische rote Chilischoten, entkernt
600 ml/2½ Tassen Hühnerbrühe
450 g Kürbis, in 2 cm dicke Stücke geschnitten
600 ml/2½ Tassen Kokoscreme
2 EL Fischsoße
1 TL Zucker
115 g kleine Garnelen, gekocht, geschält
Salz und schwarzer Pfeffer
zum Garnieren:
2 frische rote Chilischoten, entkernt und fein geschnitten
10–12 frische Basilikumblätter

1 Mahlen Sie Knoblauch, Schalotten, Garnelenpaste, getrocknete Garnelen, Zitronengras, grüne Chilischoten und eine Prise Salz mit dem Mörser.

2 Kochen Sie die Hühnerbrühe in einem Topf auf. Rühren Sie die Paste ein, bis sie sich auflöst.

3 Garen Sie darin das Kürbisfleisch bei niedriger Temperatur etwa 10–15 Minuten, oder bis es zart ist.

4 Bringen Sie die Mischung mit der Kokoscreme nochmals zum Sieden. Mit Fischsoße, Zucker und Pfeffer abschmecken.

5 Die Garnelen dazugeben und kochen, bis sie durchgewärmt sind. Mit roten Chilistücken und Basilikum servieren.

TIPP

Garnelenpaste wird in der asiatischen Küche oft verwendet und gibt ein pikantes Aroma.

Garnelen-Mais-Cremesuppe

Tabasco verleiht dieser milden, cremigen Suppe Schärfe.

ZUTATEN

4 Portionen

2 EL Olivenöl
1 Zwiebel, fein gehackt
4 EL Butter oder Margarine
2 EL Mehl
750 ml/3 Tassen Fischbrühe
250 ml/1 Tasse Milch
115 g/1 Tasse kleine Garnelen, geschält und gekocht
225 g/1½ Tassen Mais
½ TL frischer Dill oder Thymian, gehackt
Tabasco
½ Tasse fettarme Sahne
Salz
frische Dillzweige zum Garnieren

1 Erhitzen Sie das Öl in einem großen Topf und braten Sie die Zwiebel darin 8–10 Minuten weich.

2 Zerlassen Sie die Butter oder Margarine in einem mittelgroßen Topf und braten Sie darin das Mehl 1–2 Minuten unter Rühren. Die Brühe und die Milch untermischen, aufkochen und 5–8 Minuten unter Rühren kochen.

3 Die Garnelen in 2 oder 3 Stücke schneiden und mit dem Mais und Dill bzw. Thymian zu den Zwiebeln geben. 2–3 Minuten kochen und vom Herd nehmen.

4 Rühren Sie die Soßenmischung in die Garnelen-Mais-Mischung. Pürieren Sie 3 Tassen der Suppe im Mixer und rühren sie wieder in den Topf. Schmecken Sie mit Salz und Tabasco ab.

5 Rühren Sie die Sahne hinein und erhitzen Sie die Suppe unter Rühren bis fast zum Kochen.

6 Füllen Sie sie in vorgewärmte Teller, garniert mit Dillzweigen.

Garnelencremesuppe

Bei einer klassischen französischen Cremesuppe presst man Schalentiere durch ein Tamis, *oder Trommelsieb. Dieses Rezept hier ist einfacher, die Suppe jedoch genauso geschmeidig.*

ZUTATEN

6–8 Portionen

700 g kleine oder mittlere Garnelen, in Schalen
1½ TL Pflanzenöl
2 Zwiebeln, halbiert, in Scheiben
1 große Möhre, in Scheiben
2 Selleriestangen, in Scheiben
2 Liter Wasser
ein paar Tropfen Zitronensaft
2 EL Tomatenmark
1 Bouquet garni
4 EL Butter
50 g Mehl
3–4 EL Cognac
150 ml/⅔ Tasse Schlagsahne

1 Die Köpfe von den Garnelen entfernen und die Garnelen schälen; beides für die Brühe aufbewahren. Die Garnelen zugedeckt in den Kühlschrank stellen

2 Das Öl in einem großen Topf erhitzen, die Köpfe und Schalen hineingeben und bei großer Hitze braten, bis sie braun werden; dabei umrühren. Bei mittlerer Hitze das Gemüse darin 5 Minuten langsam braten, bis die Zwiebeln weich werden.

3 Mit Wasser, Zitronensaft, Tomatenmark und Bouquet garni zum Kochen bringen. Bei schwacher Hitze etwa 25 Minuten zugedeckt garen, dann abgießen.

4 Zerlassen Sie die Butter bei mittlerer Temperatur. Rühren Sie das Mehl ein und braten Sie unter gelegentlichem Rühren, bis es goldbraun ist

5 Den Cognac und nach und nach die Hälfte der Garnelenbrühe hineingeben. Dabei kräftig glatt rühren. Dann die restliche Flüssigkeit dazugeben, abschmecken und 5 Minuten garen.

6 Die Suppe in den gespülten Topf zurückgießen. Die Sahne und ein wenig Zitronensaft sowie den größten Teil der restlichen Garnelenbrühe dazugeben und bei mittlerer Hitze unter Rühren erhitzen. Gleich servieren, garniert mit den restlichen Garnelen.

TIPP

Lassen Sie den Cognac ruhig weg, wenn Sie ihn nicht mögen. Die Suppe bleibt genauso köstlich.

Fischsuppe mit Süßkartoffeln

Die feine Süße der Süßkartoffel macht diese Suppe in Verbindung mit Fisch und Oregano so unwiderstehlich.

ZUTATEN

4 Portionen

½ Zwiebel, gehackt
175 g/gut 1 Tasse Süßkartoffel, geschält und gewürfelt
175 g Filet von einem Weißfisch, gehäutet, ohne Gräten
½ Tasse Möhre, geschnitten
1 TL frischer Oregano, gehackt, oder ½ TL getrockneter Oregano
½ TL gemahlener Zimt
1,5 Liter Fischbrühe
5 EL fettarme Sahne
frische Petersilie, gehackt, zum Garnieren

1 Bringen Sie die Hälfte der Fischbrühe mit Zwiebel, Süßkartoffel, Fisch, Möhre, Oregano und Zimt zum Kochen. Herunterschalten und noch 20 Minuten garen.

2 Lassen Sie die Suppe abkühlen und pürieren sie im Mixer glatt.

3 Bringen Sie die Suppe in dem gespülten Topf mit der restlichen Brühe langsam zum Kochen. Schalten Sie herunter und geben die Sahne hinein. Langsam ohne Kochen durchwärmen, dabei ab und zu umrühren.

4 Heiß in vorgewärmten Tellern servieren, garniert mit frischer, gehackter Petersilie.

VARIATION

Statt Petersilie eignet sich auch Estragon als Garnitur.

V

Kürbissuppe mit Meerrettichsahne

Die Verbindung von Sahne, Curry und Meerrettich vollendet diese Suppe.

ZUTATEN

6 Portionen

1 kleiner Kürbis
1 Kochapfel
2 EL Butter
1 Zwiebel, gehackt
1–2 TL Currypulver und etwas zum Garnieren
1 Liter/3 3/4 Tassen Gemüsebrühe
1 TL frischer Salbei, gehackt
150 ml/2/3 Tasse Apfelsaft
Salz und schwarzer Pfeffer
Limonenstückchen zum Garnieren (nach Geschmack)

Für die Meerrettichsahne

4 EL Vollfettsahne
2 TL Meerrettichsoße
1/2 TL Currypulver

1 Schälen, entkernen und würfeln Sie den Kürbis und den Apfel.

2 Zerlassen Sie die Butter in einem Topf. Braten Sie die Zwiebeln darin 5 Minuten weich. Rühren Sie das Currypulver ein und braten Sie unter ständigem Rühren noch 2 Minuten.

3 Mit Brühe, Kürbis, Apfel und Salbei zum Kochen bringen. Bei niedriger Temperatur zugedeckt 20 Minuten garen, bis der Kürbis und der Apfel weich sind.

4 Für die Meerrettichsahne die Sahne steif schlagen und die Meerrettichsoße und das Currypulver unterrühren. Kalt stellen.

5 Pürieren Sie die Suppe im Mixer, gießen sie in den gespülten Topf zurück und geben Sie den Apfelsaft hinzu. Mit Salz und Pfeffer abschmecken.

6 Erhitzen Sie die Suppe und servieren sie mit einem Löffel Meerrettichsahne auf jeder Portion. Nach Wunsch mit Limonenstückchen garnieren. Leicht mit Currypulver bestreuen.

Thailändische Hühnersuppe

Eine duftende Mischung aus Kokosmilch, Zitronengras, Ingwer und Limonen mit einem Hauch von wärmendem Chili.

ZUTATEN

4 Portionen

1 TL Öl
1–2 rote Chilischoten, entkernt, gehackt
2 Knoblauchzehen, zerdrückt
1 große Stange Lauch, fein geschnitten
600 ml/2½ Tassen Hühnerbrühe
400 ml/1¾ Tassen Kokosmilch
500 g Hühnerschenkel ohne Haut und Knochen, in mundgerechten Stücken
2 EL thailändische Fischsoße
1 Zitronengrasstängel, gehackt
ein 2,5 cm Stück frische Ingwerwurzel, geschält und fein geschnitten
1 TL Zucker
4 Limonenblätter (nach Geschmack)
75 g/¾ Tasse gefrorene Erbsen, aufgetaut
3 EL frischer Koriander, gehackt

1 Erhitzen Sie das Öl in einem großen Topf. Chilischote und Knoblauch darin etwa 2 Minuten braten. Den Lauch dazugeben und noch weitere 2 Minuten braten.

2 Brühe und Kokosmilch hineingeben und bei mittlerer Hitze zum Kochen bringen.

3 Lassen Sie die Suppe mit Fleisch, Zitronengras, Fischsoße, Ingwer, Zucker und eventuell Limonenblättern zugedeckt 15 Minuten köcheln, rühren Sie dabei ab und zu um.

4 Geben Sie die Erbsen hinzu und kochen Sie noch 3 Minuten. Fischen Sie das Zitronengras heraus und rühren Sie vor dem Servieren noch Koriander hinein.

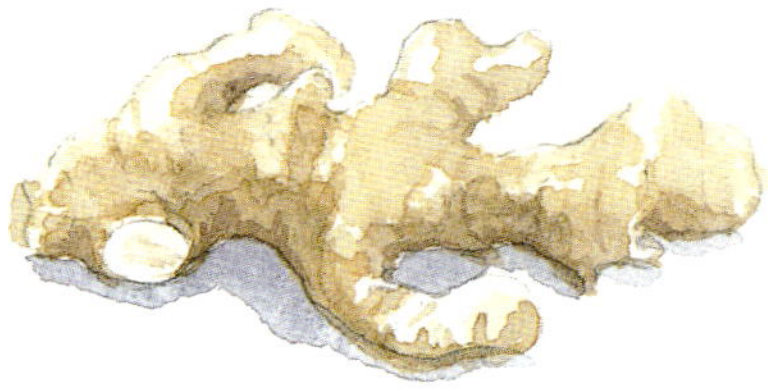

Würzige Hühner-Pilz-Suppe

Diese cremige Hühnersuppe ergibt eine herzhafte Mahlzeit. Servieren Sie dazu Knoblauchbrot.

ZUTATEN

4 Portionen

6 EL Butter
½ TL Knoblauch, zerdrückt
1 TL Garam Masala
1 TL schwarze Pfefferkörner, zerdrückt
1 TL Salz
¼ TL frisch gemahlener Muskat
225 g Hühnerfleisch ohne Haut und Knochen
1 mittelgroße Lauchstange, in Scheiben
75 g/gut 1 Tasse Pilze, in Scheiben
50 g Mais
300 ml/1¼ Tassen Wasser
250 ml/1 Tasse fettarme Sahne
1 EL frischer Koriander, gehackt
1 TL getrocknete rote Chilischoten, zerbröselt

1 Zerlassen Sie die Butter in einem Topf. Schalten Sie herunter und geben Sie Knoblauch und Garam Masala dazu. Fügen Sie bei noch schwächerer Hitze Pfefferkörner, Salz und Muskat hinzu.

2 Geben Sie das in feine Streifen geschnittene Hühnerfleisch mit dem Lauch, den Pilzen und dem Mais in den Topf. Braten Sie in 5–7 Minuten das Hühnerfleisch unter ständigem Rühren durch.

3 Nehmen Sie den Topf vom Herd und lassen Sie ihn kurz abkühlen. Pürieren Sie drei Viertel der Mischung etwa 1 Minute mit dem Wasser im Mixer.

4 Geben Sie die Masse mit dem Rest der Mischung in einen Topf und bringen Sie alles bei mittlerer Hitze zum Kochen. Rühren Sie bei niedrigerer Temperatur die Sahne ein.

5 Geben Sie den Koriander hinein und schmecken Sie die Suppe ab. Heiß servieren, garniert mit rotem Chili.

Hühner-Mandel-Suppe

Zusammen mit indischem Naan-Brot ist diese würzige Suppe eine hervorragende Mahlzeit.

ZUTATEN

4 Portionen

6 EL ungesalzene Butter
1 Stange Lauch, geschnitten
½ TL frische Ingwerwurzel, gehackt
75 g/¾ Tasse blanchierte Mandeln, sehr fein gemahlen
1 TL Salz
½ TL schwarze Pfefferkörner, zerdrückt
1 frische grüne Chilischote, gehackt
1 Möhre, in Scheiben geschnitten
50 g/½ Tasse gefrorene Erbsen
115 g/1 Tasse Hühnerfleisch, ohne Haut und Knochen, und gewürfelt
2 EL frischer Koriander, gehackt
500 ml/2 Tassen Wasser
250 ml/1 Tasse fettarme Sahne
4 frische Korianderzweige

1 Zerlassen Sie die Butter in einer Pfanne. Sautieren Sie darin den Lauch und Ingwer, bis sie weich und gerade braun werden.

2 Herunterschalten und Mandeln, Pfefferkörner, Chilischote, Möhre, Erbsen und Huhn dazugeben. Etwa 10 Minuten unter Rühren braten, oder bis das Huhn durchgebraten und zart ist. Geben Sie den Koriander hinzu.

3 Vom Herd nehmen und kurz abkühlen lassen. Pürieren Sie die Mischung etwa eine Minute in einem Mixer. Geben Sie das Wasser hinzu und mixen Sie noch etwa 30 Sekunden.

4 Geben Sie alles in einen Topf und kochen Sie unter Rühren auf. Schalten Sie dann herunter und rühren Sie nach und nach die Sahne unter. Noch 2 Minuten unter gelegentlichem Rühren garen. Garnieren Sie die Suppe mit den Korianderzweigen.

Wintersuppen zum Aufwärmen

V

Borschtsch

Die klassische russische Suppe mit der fantastischen Farbe ist genau das Richtige, wenn Sie einmal etwas Besonderes anbieten wollen.

ZUTATEN

6 Portionen

1 Zwiebel, gehackt
450 g/3 Tassen rote Bete, geschält, geschnitten
2 Selleriestangen, klein geschnitten
½ rote Paprikaschote, klein geschnitten
115 g/1½ Tassen Pilze, klein geschnitten
1 großer Kochapfel, klein geschnitten
2 EL Butter
2 EL Sonnenblumenöl
2 Liter Brühe oder Wasser
1 TL Kreuzkümmelsamen
eine Prise getrockneter Thymian
1 großes Lorbeerblatt
frischer Zitronensaft
Salz und schwarzer Pfeffer

Für die Garnitur

⅔ Tasse saure Sahne
ein paar frische Dillzweige

TIPP

Der Geschmack dieser wunderbaren Suppe reift und verbessert sich, wenn man sie schon am Tag zuvor zubereitet.

1 Kochen Sie das Gemüse und den Apfel mit Butter, Öl und 3 Esslöffeln Brühe oder Wasser etwa 15 Minuten. Dabei bewegen Sie den Kochtopf ab und zu hin und her.

2 Rühren Sie den Kümmel ein und kochen Sie noch 1 Minute. Dann die restliche Brühe, Thymian, Lorbeer, Zitronensaft und Gewürz unterrühren.

3 Bringen Sie die Suppe zum Kochen und köcheln Sie sie bedeckt bei niedriger Temperatur etwa 30 Minuten.

4 Gießen Sie das Gemüse ab und behalten Sie die Flüssigkeit zurück. Pürieren Sie das Gemüse im Mixer glatt und cremig.

5 Geben Sie das Gemüse mit der Brühe in den gespülten Topf zurück. Erhitzen und abschmecken.

6 Verteilen Sie die Suppe auf die Schalen. Garnieren Sie sie mit je einem Klecks saurer Sahne und streuen Sie darüber frischen Dill.

V

Selleriesuppe mit Curry

Eine ungewöhnliche, doch anregende Kombination verschiedener Geschmacksnuancen. Die Suppe bringt ideal das Aroma von Sellerie hervor. Dazu Vollkornbrötchen reichen.

ZUTATEN

4–6 Portionen

- 2 TL Olivenöl
- 1 Zwiebel, gehackt
- 1 Stange Lauch, gewürfelt
- 675 g/5$\frac{1}{2}$ Tassen klein geschnittener Sellerie
- 1 EL Currypulver
- 225 g/1$\frac{1}{2}$ Tassen geputzte und gewürfelte, ungeschälte Kartoffeln
- 900 ml/3$\frac{3}{4}$ Tassen Gemüsebrühe
- 1 Bouquet garni
- 2 EL frische, gemischte Kräuter, gehackt
- Salz
- Selleriesamen und -blätter zum Garnieren

VARIATION

Statt Sellerie und Kartoffeln können Sie auch Selleriewurzel und Süßkartoffeln verwenden.

1 Erhitzen Sie das Öl in einem Topf und braten Sie darin Zwiebel, Lauch und Sellerie bedeckt etwa 10 Minuten unter Rühren an.

2 Mit dem Curry noch etwa 2 Minuten weiterbraten; dabei ab und zu umrühren.

3 Geben Sie Kartoffeln, Brühe und Bouquet garni dazu und bringen Sie die Suppe zugedeckt zum Kochen. Lassen Sie sie etwa 20 Minuten köcheln, bis das Gemüse zart, aber nicht zu weich ist.

4 Fischen Sie das Bouquet garni heraus und stellen Sie die Suppe beiseite. Vor dem Pürieren sollte sie kurz abkühlen.

5 Pürieren Sie die Suppe – am besten portionsweise – im Mixer glatt.

6 Geben Sie die Kräuter hinein, würzen Sie mit Salz und pürieren Sie die Suppe noch einmal kurz. Gießen Sie sie zurück in den Topf und erhitzen sie wieder. Füllen Sie sie in Teller und garnieren Sie jeden mit Selleriesamen und -blättern.

Rezept-Tipp:

Brennnesselsuppe

Diese ländliche Suppe ist eine Abwandlung der klassischen Kartoffelsuppe. Verwenden Sie möglichst Brennnesseln, zu Not können Sie auch grünen Salat nehmen.

ZUTATEN

4 Portionen

115 g/½ Tasse Butter
500 g/3 Tassen Zwiebeln, in Scheiben
500 g/3 Tassen Kartoffeln, in Stücken
750 ml/3 Tassen Hühberbrühe
25 g Brennnesselblätter
ein kleiner Bund Schnittlauch, gehackt
Salz und schwarzer Pfeffer
Vollfettsahne zum Servieren

1 Zerlassen Sie die Butter in einem Topf und braten Sie darin die Zwiebeln etwa 5 Minuten weich. Geben Sie die Kartoffeln mit der Brühe hinein und kochen sie bedeckt noch 25 Minuten.

2 Rupfen Sie die Nesselblätter mit Gummihandschuhen von den Stängeln. Spülen Sie sie unter kaltem Wasser und trocknen sie ab. Geben Sie sie in den Topf und kochen sie noch 5 Minuten.

3 Pürieren Sie die Suppe im Mixer glatt. Geben Sie sie in einen sauberen Topf und würzen Sie. Rühren Sie den Schnittlauch ein und garnieren Sie mit einem Sahneklecks und Pfeffer.

TIPP

Sie können das Gemüse auch fein schneiden statt pürieren und die Suppe körnig belassen.

Lauchsuppe mit Pastinake und Ingwer

V

Eine leckere, wärmende Wintersuppe mit der Würze frischen Ingwers.

ZUTATEN

4–6 Portionen

2 EL Olivenöl

225 g/2 Tassen Lauch, in Scheiben geschnitten

2 EL geschälte und gehackte Ingwerwurzel

700 g/5 Tassen grob gehackte Pastinaken

300 ml/1¼ Tassen trockener Weißwein

1,2 Liter/5 Tassen Gemüsebrühe oder Wasser

Salz und frisch gemahlener schwarzer Pfeffer

Quark und Paprikapulver zum Garnieren

1 Erhitzen Sie das Öl in [illegible]em Topf und braten Si[illegible] und Ingwer darin 2–[illegible]n, bis der Lauch we[illegible]

2 Geben Sie die Pastinaken hinein und braten Sie weitere 7–8 Minuten, bis sie weich werden.

3 Gießen Sie Wein und Brühe hinein und kochen Sie alles auf. Bei niedriger Temperatur 20–30 Minuten köcheln lassen, oder bis die Pastinaken zart sind.

4 Pürieren Sie die Suppe im Mixer glatt. Schmecken Sie ab und garnieren Sie mit leicht verquirltem Quark und etwas Paprikapulver.

Grüne Erbsensuppe mit Spinat

Dieses Rezept wurde von der Frau eines britischen Parlamentsmitgliedes im 17. Jahrhundert erfunden und hat die Zeiten überdauert.

ZUTATEN

6 Portionen

500 g/gut 3 Tassen geschälte frische oder tiefgefrorene Erbsen
1 Stange Lauch, fein geschnitten
2 Knoblauchzehen, zerdrückt
2 Scheiben Speck, fein gewürfelt
1,2 Liter Schinken- oder Hühnerbrühe
2 EL Olivenöl
50 g/1 Tasse frischer Spinat, zerkleinert
40 g/⅓ Tasse Weißkohl, fein geschnitten
½ kleiner Blattsalat, zerkleinert
1 Stange Sellerie, gehackt
eine große Hand voll Petersilie, gehackt
½ Schachtel Kresse
4 TL frische Minze, gehackt
eine Prise gemahlener Muskat
Salz und schwarzer Pfeffer

1 Bringen Sie Erbsen, Lauch, Knoblauch und Speck mit der Brühe zum Kochen. Köcheln Sie bei niedriger Temperatur 20 Minuten.

2 Etwa 5 Minuten, bevor die Mischung fertig ist, erhitzen Sie das Öl in einer Pfanne.

3 Geben Sie Spinat, Kohl, Salat, Sellerie und Kräuter in die Pfanne und braten sie zugedeckt bei schwacher Hitze weich.

4 Pürieren Sie die Erbsenmischung im Mixer. Geben Sie sie zum Gemüse und wärmen sie durch. Mit Muskat, Salz und Pfeffer würzen und servieren.

Würzige Möhrensuppe mit Croutons

V

Die Möhrensuppe erhält durch Koriander, Kreuzkümmel und Cayennepfeffer eine würzige Note.

ZUTATEN

6 Portionen

- 1 EL Olivenöl
- 1 große Zwiebel, gehackt
- 700 g/3¾ Tassen Möhren in Scheiben
- je 1 TL gemahlener Koriander, gemahlener Kreuzkümmel und Cayennepfeffer
- 900 ml/3¾ Tassen Gemüsebrühe
- Salz und schwarzer Pfeffer
- frische Korianderzweige zum Garnieren

Für die Knoblauchcroutons

- etwas Olivenöl
- 2 Knoblauchzehen, zerdrückt
- 4 Scheiben Brot ohne Kruste, in 1 cm große Würfel geschnitten

1 Erhitzen Sie das Öl in einem Topf und braten Sie Zwiebeln und Möhren darin 5 Minuten an; dabei ab und zu umrühren. Geben Sie die Gewürze hinein und braten Sie 1 Minute unter Rühren weiter.

2 Die Brühe unterrühren und aufkochen. Die Möhren zugedeckt in etwa 45 Minuten garen.

3 Erhitzen Sie das Öl für die Croutons in einer Pfanne und braten Sie den Knoblauch 30 Sekunden unter Rühren an. Geben Sie das Brot hinzu und braten Sie es bei mittlerer Hitze ein paar Minuten knusprig und goldbraun. Trocknen Sie es ab und halten Sie es warm.

4 Pürieren Sie die Suppe im Mixer glatt. Würzen Sie mit Salz und Pfeffer, geben Sie sie zurück in den gespülten Topf und erwärmen sie wieder langsam. Heiß servieren und darüber die Knoblauchcroutons streuen. Garnieren Sie die Suppe mit ganzen Korianderzweigen.

Möhren-Apfel-Suppe mit Curry

Eine glückliche Verbindung von Möhren, Curry und Apfel.

ZUTATEN

4 Portionen

2 TL Sonnenblumenöl
1 EL Currypulver
500 g/3½ Tassen klein geschnittene Möhren
1 große Zwiebel, gehackt
1 saurer Kochapfel, klein geschnitten
750 ml/3 Tassen Hühnerbrühe
Salz und schwarzer Pfeffer
Naturjogurt und Möhrenschnitze zum Garnieren

1 Erhitzen Sie das Öl in einem Topf und braten Sie das Currypulver 2–3 Minuten.

2 Geben Sie Möhren, Zwiebel und Apfel hinein und rühren Sie gut um, bis alles mit Curry bedeckt ist. Den Topf bedecken.

3 Braten Sie bei schwacher Hitze etwa 15 Minuten; dabei den Topf bewegen, bis alles weich ist. Pürieren Sie die Mischung im Mixer und geben Sie die Hälfte der Brühe hinzu, bis die Mischung glatt ist.

4 Geben Sie die Mischung mit der restlichen Brühe in den Topf, bringen sie zum Kochen und schmecken sie ab. Füllen Sie die Suppe in Teller und garnieren mit Jogurt und Möhrenschnitzen.

Kürbissuppe

V

Der süßliche Geschmack von Kürbis passt ausgezeichnet zu Suppen und ergänzt sich mit anderen schmackhaften Zutaten wie Zwiebeln und Kartoffeln zu wohlschmeckenden Gerichten. Besonders pikant schmecken die Kürbisstücke, wenn Sie sie vorher rösten.

ZUTATEN

4–6 Portionen

1 EL Sonnenblumenöl
2 EL Butter
1 große Zwiebel, in Scheiben geschnitten
700 g/6 Tassen Kürbisstücke
450 g/3 Tassen Kartoffelscheiben
600 ml/2½ Tassen Gemüsebrühe
eine kräftige Prise Muskat
1 TL frischer Estragon, gehackt
600 ml/2½ Tassen Milch
1–2 TL Zitronensaft
Salz und schwarzer Pfeffer

1 Erhitzen Sie Öl und Butter in einem Topf und braten Sie die Zwiebel darin 4–5 Minuten bei schwacher Hitze weich, aber nicht braun. Dabei ab und zu umrühren.

2 Rühren Sie Kürbis und Kartoffeln ein und braten sie bei schwacher Hitze bedeckt etwa 10 Minuten, bis sie fast weich sind. Ab und zu umrühren, damit das Gemüse nicht anbrennt.

3 Rühren Sie Brühe, Muskat, Estragon und Gewürz ein. Bringen Sie die Suppe zum Kochen, schalten Sie den Herd herunter und lassen Sie das Gemüse etwa 10 Minuten zart köcheln.

4 Lassen Sie die Suppe leicht abkühlen und pürieren sie im Mixer glatt. Geben Sie sie zurück in den gespülten Topf und gießen Sie die Milch dazu. Langsam erhitzen, den Zitronensaft hineingeben und abschmecken. Heiß servieren.

V

Süßkartoffel-Paprika-Suppe

Diese farbenfrohe Suppe kommt immer gut an.

ZUTATEN

6 Portionen

2 rote Paprikaschoten (etwa 225 g), entkernt und gewürfelt
500 g/4 Tassen gewürfelte Süßkartoffeln
1 Zwiebel, grob gehackt
2 große Knoblauchzehen, grob gehackt
300 ml/1¼ Tassen trockener Weißwein
1,2 Liter/5 Tassen Gemüsebrühe
Tabasco zum Abschmecken
Salz und schwarzer Pfeffer
frisches, knuspriges Brot zum Servieren

1 Stellen Sie ein wenig gewürfelte Paprika zum Garnieren beiseite. Bringen Sie den Rest mit Kartoffeln, Zwiebel, Knoblauch, Wein und Gemüsebrühe zum Kochen. Schalten Sie den Herd herunter und garen Sie das Gemüse in etwa 30 Minuten.

2 Pürieren Sie die Suppe im Mixer glatt. Würzen Sie sie mit Salz, Pfeffer und Tabasco. Leicht abkühlen lassen und mit den zurückgehaltenen Paprikawürfeln garnieren. Heiß oder lauwarm servieren.

Süßkartoffel-Pastinaken-Suppe

V

Die Süße der zwei Wurzelgemüse kommt in dieser wohlschmeckenden Suppe voll zur Geltung.

ZUTATEN

6 Portionen

1 EL Sonnenblumenöl
1 große Lauchstange, in Scheiben
2 Selleriestangen, klein geschnitten
500 g/4 Tassen gewürfelte Süßkartoffeln
225 g/1 1/2 Tassen gewürfelte Pastinaken
900 ml/3 3/4 Tassen Gemüsebrühe
Salz und schwarzer Pfeffer

Für die Garnitur

1 EL frische Petersilie, gehackt
geröstete Süßkartoffel- und Pastinakenstreifen

1 Erhitzen Sie das Öl in einem Topf und braten Sie darin Lauch, Sellerie, Süßkartoffeln und Pastinaken etwa 5 Minuten an. Rühren Sie dabei ab und zu um, damit sie nicht anbrennen.

2 Rühren Sie die Brühe ein und bringen Sie das Ganze zum Kochen. Herunterschalten und zugedeckt bei schwacher Hitze etwa 25 Minuten garen, oder bis das Gemüse zart ist. Dabei ab und zu umrühren. Abschmecken, den Topf vom Herd nehmen und die Suppe leicht abkühlen lassen.

3 Pürieren Sie die Suppe im Mixer glatt. Geben Sie sie in den gespülten Topf zurück und erwärmen sie wieder. Füllen Sie die Suppe in Teller und streuen Sie die Petersilie und die gerösteten Gemüsestreifen darüber.

V

Wurzelgemüsesuppe

Mischen Sie einfach ihre Lieblings-Wurzelgemüse für diese sättigende Suppe miteinander. Durch die Zugabe von Crème fraîche oder – je nach Geschmack – saurer Sahne wird sie herrliche cremig.

ZUTATEN

6 Portionen

3 Möhren, klein geschnitten
1 große Kartoffel, klein geschnitten
1 große Pastinake, klein geschnitten
1 große Rübe, klein geschnitten
1 Zwiebel, gehackt
2 EL Sonnenblumenöl
2 EL Butter
1,5 Liter Wasser
1 Stück frische Ingwerwurzel, geschält und gerieben
300 ml/1 1/4 Tassen Milch
3 EL Crème fraîche oder saure Sahne
2 EL frischer Dill, gehackt
1 EL Zitronensaft
Salz und schwarzer Pfeffer
frische Dillzweige zum Garnieren

1 Braten Sie Möhren, Kartoffel, Pastinake, Rübe und Zwiebel in einem Topf mit Öl an. Lassen Sie das Gemüse bedeckt 15 Minuten bei niedriger Temperatur ausschwitzen; dabei den Topf ab und zu hin- und herbewegen.

2 Das Wasser dazugeben, aufkochen und gut würzen. Das Gemüse bedeckt 20 Minuten weich köcheln.

3 Seihen Sie das Gemüse ab, heben dabei aber die Brühe auf, und pürieren es mit dem Ingwer im Mixer glatt. Geben Sie die Mischung mit der Brühe in den Topf, rühren Sie die Milch unter und erwärmen Sie die Suppe vorsichtig wieder.

4 Nehmen Sie die Suppe vom Herd und rühren Sie Crème fraîche bzw. saure Sahne ein, dazu Dill und Zitronensaft. Abschmecken und wieder erhitzen (nicht kochen, sonst kann sie gerinnen). Mit Dill garnieren.

Lauchsuppe mit Thymian

V

Eine sättigende, wärmende Suppe. Sie können sie pürieren oder nach der ursprünglichen unpürierten Art servieren.

ZUTATEN

4 Portionen

900 g Lauch

450 g Kartoffeln

115 g/½ Tasse Butter

1 großer, frischer Thymianzweig, dazu ein wenig zum Garnieren

300 ml/1¼ Tassen Milch

Salz und schwarzer Pfeffer

4 EL Vollfettsahne zum Servieren.

1 Schneiden Sie die Enden der Lauchstangen und eventuell die äußeren Blätter ab. Schneiden Sie die Stangen anschließend in dicke Scheiben und putzen sie gründlich unter kaltem Wasser.

2 Schneiden Sie die Kartoffeln grob in etwa 2,5 cm große Würfel und trocknen sie ab.

3 Zerlassen Sie die Butter in einem Topf und braten Sie darin den Lauch mit einem Thymianzweig in 4–5 Minuten weich. Geben Sie die Kartoffelstücke hinzu und genügend Wasser, um das Gemüse zu bedecken. Zugedeckt bei schwacher Hitze 30 Minuten garen.

4 Gießen Sie die Milch hinein und würzen Sie mit Salz und Pfeffer. Bedeckt noch 30 Minuten weiter köcheln. Einige Kartoffeln brechen dabei auf und machen die Suppe klumpig – das soll so sein.

5 Holen Sie den Thymianzweig heraus. Die Blätter haben sich wahrscheinlich gelöst. Garnieren Sie vor dem Servieren jede Portion mit 1 Esslöffel Sahne und etwas Thymian.

Pilzsuppe mit Kräutern

Wenn diese Suppe nicht perfekt glatt wird, macht es nichts – die nussige, körnige Konsistenz ist sehr reizvoll.

ZUTATEN

4 Portionen

50 g geräucherter Speck
1 Zwiebel, gehackt
1 Esslöffel Sonnenblumenöl
350 g große braune Champignons oder eine Mischung aus Wild- und Zuchtpilzen
600 ml/2½ Tassen gute Fleischbrühe
2 EL süßer Sherry
2 EL frische, gehackte Kräuter, etwa Salbei, Rosmarin, Thymian oder Majoran, oder 2 TL italienische Gewürzmischung
Salz und schwarzer Pfeffer
Salbei- oder Majoranzweige zum Garnieren
4 EL dicker Naturjogurt oder saure Sahne zum Servieren

1 Schneiden Sie den Speck klein und braten Sie ihn vorsichtig, bis das ganze Fett ausgelassen ist.

2 Geben Sie die Zwiebel und bei Bedarf etwas Öl hinzu. Putzen Sie die Pilze, schneiden sie grob und geben sie in den Topf. Lassen Sie sie bedeckt ausschwitzen, bis sie weich sind und die Flüssigkeit ausgetreten ist.

3 Geben Sie Brühe, Sherry, Kräuter sowie Salz und Pfeffer dazu und lassen Sie die Suppe bedeckt 10–12 Minuten köcheln. Pürieren Sie sie in einem Mixer nach Wunsch; es ist auch reizvoll, wenn die Suppe etwas grob bleibt.

4 Schmecken Sie die Suppe ab und wärmen Sie sie durch. Garnieren Sie jeden Teller mit einem Klecks Jogurt oder saurer Sahne und einem frischen Salbei- oder Majoranzweig.

Pilz-Sellerie-Knoblauch-Suppe

Diese kräftige Suppe mit dem starken Aroma der Pilze wird durch Knoblauch zusätzlich bereichert; der Sellerie schafft dazu einen Kontrast.

ZUTATEN

4 Portionen

350 g/4½ Tassen Pilze, klein geschnitten
4 Selleriestangen, klein geschnitten
3 Knoblauchzehen
3 EL trockener Sherry oder Weißwein
750 ml/3 Tassen Hühnerbrühe
2 EL Worcestersoße
1 TL Muskat
Salz und schwarzer Pfeffer
Sellerieblätter zum Garnieren

1 Geben Sie Pilze, Sellerie und Knoblauch in einen Topf und rühren Sie den Sherry ein. Garen Sie das Gemüse bei schwacher Hitze zugedeckt 30–40 Minuten.

2 Pürieren Sie das Gemüse mit der Hälfte der Brühe im Mixer glatt. Geben Sie es mit der restlichen Brühe, Worcestersoße und Muskat zurück in den Topf.

3 Bringen Sie die Suppe zum Kochen und würzen Sie mit Salz und Pfeffer. Heiß servieren, garniert mit Sellerieblättern.

V

Pilz-Brot-Suppe mit Petersilie

Diese reichhaltige Pilzsuppe wärmt Sie an kalten Wintertagen auf. Sie ist durch das Brot ziemlich dick und eine tolle, herzhafte Mahlzeit.

ZUTATEN

8 Portionen

75 g/6 EL Butter
900 g Pilze in Scheiben
2 Zwiebeln, grob gehackt
600 ml/2½ Tassen Milch
8 Scheiben Weißbrot
4 EL frische Petersilie, gehackt
300 ml/1¼ Tassen Vollfettsahne
Salz und frisch gemahlener schwarzer Pfeffer

1 Zerlassen Sie die Butter und sautieren Sie darin die Pilzscheiben und die Zwiebeln etwa 10 Minuten weich, aber nicht braun. Rühren Sie die Milch ein.

2 Das Brot in Stücke reißen und diese 15 Minuten in der Suppe einweichen. Die Suppe pürieren und in den Topf zurückgeben. Dann 3 Esslöffel Petersilie, Sahne und Gewürz hineingeben und die Suppe wieder erwärmen (nicht kochen). Mit Petersilie garnieren.

Französische Zwiebelsuppe

In Frankreich wird diese Suppe häufig als Imbiss gegessen . Sie wird auch einfach Gratinée *genannt.*

ZUTATEN

6–8 Portionen

1 EL Butter

2 EL Olivenöl

4 große Zwiebeln, fein geschnitten

2–5 Knoblauchzehen

1 TL Zucker

1/2 TL getrockneter Thymian

2 EL Mehl

120 ml/1/2 Tasse trockener Weißwein

2 Liter Rinderbrühe

2 EL Cognac (nach Wunsch)

6–8 dicke Baguettescheiben, geröstet

350 g/3 Tassen geriebener Greyerzer-Käse

1 Erhitzen Sie Butter und Öl in einem Topf oder einer Kasserolle und braten Sie darin die Zwiebeln 10–12 Minuten, bis sie weich sind und langsam braun werden.

2 Hacken Sie alle außer einer Knoblauchzehe und geben sie zu den Zwiebeln. Geben Sie Zucker und Thymian dazu und kochen Sie bei mittlerer Hitze 30–35 Minuten weiter, bis die Zwiebeln braun sind. Dabei häufig umrühren.

3 Streuen Sie das Mehl darüber und verrühren Sie es gut. Bringen Sie die Suppe mit Wein und Brühe zum Kochen. Schöpfen Sie den Schaum ab, schalten Sie herunter und köcheln Sie weitere 45 Minuten. Rühren Sie nach Geschmack den Cognac ein.

4 Heizen Sie den Ofen vor. Reiben Sie das getoastete Brot von beiden Seiten mit der restlichen Knoblauchzehe ein. Stellen Sie 6–8 ofenfeste Suppenschalen auf ein Backblech und füllen Sie diese zu drei Vierteln mit der Suppe.

5 Legen Sie ein Stück Brot in jede Schale und streuen Sie gleichmäßig Käse darüber. Überbacken Sie die Suppen 3–4 Minuten, bis der Käse schmilzt. Heiß servieren.

Spanische Knoblauchsuppe

Eine einfache und traditionelle Suppe mit Knoblauch, einer sehr beliebten Zutat in der Küche, wenn's mal schnell gehen muss.

ZUTATEN

4 Portionen

2 EL Olivenöl
4 große Knoblauchzehen, geschält
4 Scheiben Baguettebrot, etwa 5 mm dick
1 EL Paprikapulver
1 Liter Rinderbrühe
¼ TL gemahlener Kreuzkümmel
eine Prise Safranfäden
4 Eier
Salz und frisch gemahlener schwarzer Pfeffer
frische Petersilie, gehackt, zum Garnieren

1 Heizen Sie den Ofen auf 230° C (Gas: Stufe 8) vor. Erhitzen Sie das Öl in einem Topf und braten Sie darin die ganzen Knoblauchzehen goldgelb. Nehmen Sie sie heraus und braten Sie das Brot in dem Öl.

TIPP

Schieben Sie, wenn Sie den Ofen anschalten, gleichzeitig ein Backblech ein. Stellen Sie die Suppenschalen auf das heiße Backblech, dann können Sie sie leicht herausnehmen, wenn die Eier fest sind.

2 Nehmen Sie das Brot heraus und braten Sie das Paprikapulver darin. Rühren Sie Brühe, Kümmel und Safran ein und geben Sie die Knoblauchzehen, zerdrückt mit einem Holzlöffel, hinein. Mit Salz und Pfeffer würzen und etwa 5 Minuten kochen.

3 Füllen Sie die Suppe in 4 ofenfeste Schalen und schlagen Sie ein Ei in jede. Legen Sie auf die Eier eine Scheibe Brot. Stellen Sie die Schalen 3–4 Minuten in den Ofen, bis die Eier fest sind. Mit Petersilie garnieren.

Zwiebelsuppe mit Pancetta

Diese Wintersuppe stammt aus Umbrien, wo man sie manchmal mit geschlagenen Eiern und geriebenem Parmesan andickt. Sie wird auf heißem Rührei serviert.

ZUTATEN

4 Portionen

115 g Pancettascheiben ohne Rinde, grob geschnitten (oder anderer Speck)
2 EL Olivenöl
1 EL Butter
700 g/5½ Tassen fein geschnittene Zwiebeln
2 TL Zucker
etwa 1,2 Liter Hühnerbrühe
350 g/2½ Tassen geschälte und grob geschnittene Romatomaten
ein paar frische Basilikumblätter, gehackt
Salz und frisch gemahlener schwarzer Pfeffer
geriebener Parmesan zum Servieren

1 Geben Sie den Pancetta in einen Topf und erhitzen Sie ihn langsam unter Rühren, bis das Fett austritt. Schalten Sie auf mittlere Temperatur hoch und geben Sie unter Rühren Öl, Butter, Zwiebeln und Zucker dazu.

2 Braten Sie die Zwiebeln bedeckt etwa 20 Minuten, bis sie goldgelb sind. Dabei häufig umrühren und notfalls die Hitze verringern.

3 Geben Sie Brühe, Tomaten, Salz und Pfeffer hinzu und kochen Sie die Suppe unter Rühren. Bei schwacher Hitze teilweise bedeckt etwa 30 Minuten garen; dabei ab und zu umrühren.

4 Falls nötig, verdünnen Sie die die Suppe mit Brühe oder Wasser.

5 Rühren Sie kurz vor dem Servieren fast alles Basilikum ein und schmecken Sie die Suppe ab. Heiß servieren, garniert mit dem übrigen Basilikum. Reichen Sie dazu den frisch geriebenen Parmesan.

TIPP

Verwenden Sie Zwiebeln, die besonders süß schmecken, wie Gemüsezwiebeln. Achten Sie auf ein ansprechendes, blassgelbes Fleisch, denn das Auge isst mit.

V

Würzige Tomaten-Koriander-Suppe

Diese Suppe ist eigentlich immer ein Erfolg. Durch ihre köstliche und doch starke Würze ist sie auch ideal für einen kalten Wintertag.

ZUTATEN

4 Portionen

- 700 g Tomaten
- 2 EL Pflanzenöl
- 1 Lorbeerblatt
- 4 Frühlingszwiebeln, gehackt
- 1 TL Salz
- ½ TL zerdrückter Knoblauch
- 1 TL zerdrückte schwarze Pfefferkörner
- 2 EL frischer Koriander, gehackt
- 750 ml/3 Tassen Wasser
- 1 EL Stärkemehl
- 2 EL fettarme Sahne zum Servieren

TIPP

Wenn Sie nur blassrote, unreife Tomaten bekommen können, geben Sie beim Kochen noch einen Esslöffel Tomatenmark dazu. So werden Aroma und Aussehen der Suppe erheblich verbessert.

1 Legen Sie die Tomaten in heißes Wasser und holen sie nach kurzer Zeit wieder heraus. Die Schale sollte sich jetzt einfach lösen lassen. Schneiden Sie die Tomaten dann grob in Stücke.

2 Erhitzen Sie das Öl in einem Topf und braten Sie Tomaten, Lorbeerblatt und Schalotten darin ein paar Minuten an, bis sie weich und glasig, aber nicht braun sind.

3 Geben Sie Salz, Knoblauch, Pfefferkörner und den frischen Koriander zu der Mischung und rühren Sie das Wasser ein.

4 Kochen Sie das Ganze auf und lassen Sie es bei schwacher Hitze 15–20 Minuten köcheln. Das Mehl in etwas kaltem Wasser auflösen und beiseite stellen.

5 Nehmen Sie die Suppe vom Feuer und drücken sie durch ein Sieb in eine Schüssel. Werfen Sie das Gemüse weg.

6 Geben Sie die Suppe mit der Mehlmischung in den Topf zurück und rühren Sie bei mittlerer Hitze etwa 3 Minuten um, bis sie dick ist.

7 Füllen Sie die Suppe in die Schalen und servieren Sie sie heiß, garniert mit einem leicht verquirlten Klecks Sahne.

Tomatensuppe mit Vermicelli

Die Vermicelli -Nudeln werden vor dem Kochen leicht angebraten.

ZUTATEN

4 Portionen

2 EL Oliven- oder Maiskeimöl
50 g/1/3 Tasse Vermicelli-Nudeln (Reisnudeln)
1 Zwiebel, grob gehackt
1 Knoblauchzehe, gehackt
450 g/3 Tassen geschälte, entkernte und grob geschnittene Tomaten
1 Liter Hühnerbrühe
1/4 TL Zucker
1 EL frischer, gehackter Koriander, dazu ein wenig zum Garnieren
Salz und schwarzer Pfeffer
25 g/1/3 Tasse geriebener Parmesan

1 Erhitzen Sie das Öl in einer Pfanne und sautieren Sie die Vermicelli bei mittlerer Hitze goldbraun. Nicht anbrennen lassen.

2 Nehmen Sie die Pfanne vom Feuer, fischen Sie die Nudeln mit einem Abseihlöffel heraus und trocknen sie. Beiseite stellen.

3 Pürieren Sie Zwiebel, Knoblauch und Tomaten im Mixer glatt. Stellen Sie die Pfanne zurück auf den Herd. Wenn das Öl heiß ist, geben Sie das Püree hinein. Braten Sie es etwa 5 Minuten unter Rühren, bis es dick ist.

4 Geben Sie das Püree mit den Nudeln in einen Topf und gießen Sie die Brühe hinein. Mit Zucker, Salz und Pfeffer würzen, den Koriander unterrühren und aufkochen. Bei schwacher Hitze die Suppe zugedeckt garen, bis die Nudeln zart sind.

5 Servieren Sie die Suppe in warmen Schalen, garniert mit Koriander. Dazu Parmesan reichen.

Leicht würzige Tomatensuppe

Diese Tomatensuppe ist einfach, schnell zuzubereiten und wird sicher bald zu ihren Favoriten gehören.

ZUTATEN

4 Portionen

1 EL Mais- oder Erdnussöl
1 Zwiebel, gehackt
900 g/6 Tassen geschälte, entkernte und klein geschnittene Tomaten
500 ml/2 Tassen Hühnerbrühe
2 große, frische Korianderzweige
Salz und schwarzer Pfeffer
grob gemahlener schwarzer Pfeffer

1 Erhitzen Sie das Öl in einem Topf und braten Sie die Zwiebel darin etwa 5 Minuten glasig.

2 Geben Sie Tomaten, Hühnerbrühe und Koriander dazu und bringen Sie die Suppe zum Kochen. Herunterschalten und bei schwacher Hitze die Tomaten bedeckt 15 Minuten garen.

3 Den Koriander herausfischen, die Suppe durch ein Sieb drücken und zurück in den Topf geben. Abschmecken und durchwärmen. Etwas grob gemahlenen schwarzen Pfeffer darüberstreuen.

Brokkolisuppe mit Brot

Brokkoli ist ein typisch italienisches Gemüse und wird in dieser traditionellen Suppe mit geröstetem Knoblauchbrot serviert.

ZUTATEN

6 Portionen

700 g Brokkoli

1¾ Liter Hühner- oder Gemüsebrühe

1 EL Zitronensaft

Salz und schwarzer Pfeffer

Zum Servieren

6 Scheiben Weißbrot

1 große Knoblauchzehe, halbiert

geriebener Parmesan (nach Geschmack)

1 Schälen Sie die Brokkolistiele von unten nach oben mit einem scharfen Messer. Die Schale sollte sich einfach abtrennen lassen. Schneiden Sie den Brokkoli in kleine Stücke.

2 Bringen Sie Brühe in einem Topf zum Kochen und köcheln Sie darin den Brokkoli in etwa 10 Minuten weich.

3 Pürieren Sie etwa die Hälfte der Suppe und rühren sie in die andere Hälfte. Mit Salz, Pfeffer und Zitronensaft abschmecken.

4 Die Suppe wieder erwärmen und das getoastete Brot mit Knoblauch einreiben. Legen Sie 3 oder 4 Stücke Brot in jeden Teller und gießen die Suppe darüber. Dazu Parmesan reichen.

Tomatensuppe mit Brot

Dieses farbenfrohe Florentiner Rezept eignet sich zum Aufbrauchen von hartem Brot. Die Tomaten können frisch oder aus der Dose sein.

ZUTATEN

4 Portionen

6 EL Olivenöl

ein kleines Stück getrocknete Chilischote, zerkrümelt (nach Wunsch)

175 g/1½ Tassen 2,5 cm große Brotwürfel

1 Zwiebel, gehackt

2 Knoblauchzehen gehackt

700 g/5½ Tassen geschälte und klein geschnittene, reife Romatomaten oder 800 g gehackte Tomaten aus der Dose

3 EL frisches Basilikum, gehackt

1,5 Liter leichte Fleischbrühe oder Wasser, oder eine Verbindung von beidem

Salz und frisch gemahlener schwarzer Pfeffer

Olivenöl extra vergine zum Servieren

1 Erhitzen Sie 4 EL Öl in einem Topf und braten Sie die Chilischote darin unter Rühren 1–2 Minuten an. Braten Sie dann die Brotwürfel goldbraun und trocknen Sie sie auf Küchenpapier.

2 Geben Sie das restliche Öl, Zwiebel und Knoblauch dazu und braten Sie die Zwiebel weich. Rühren Sie Tomaten, Basilikum und Brot ein. Dann salzen und bei mittlerer Hitze etwa 15 Minuten braten; dabei ab und zu umrühren.

3 Bringen Sie die Brühe zum Sieden. Geben Sie sie zur Tomatenmischung und rühren Sie gut um. Zum Kochen bringen, die Hitze reduzieren und 20 Minuten köcheln lassen.

4 Nehmen Sie die Suppe vom Herd und quetschen Sie mit einer Gabel Tomaten und Brot zusammen. Würzen Sie mit Pfeffer und, falls nötig, Salz. Lassen Sie die Suppe 10 Minuten durchziehen. Vor dem Servieren nach Wunsch ein wenig Olivenöl einrühren.

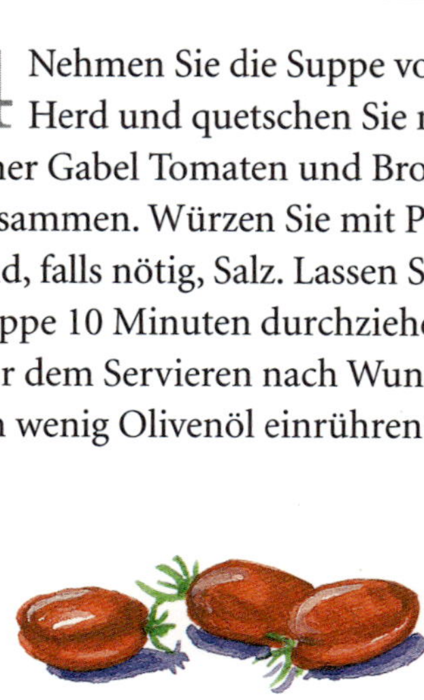

V

Linsen-Knoblauch-Suppe

Linsen haben viele Ballaststoffe, einen guten Geschmack und brauchen hier nicht eingeweicht zu werden.

ZUTATEN

6 Portionen

- 225 g/1 1/3 Tassen rote Linsen, gewaschen und abgetropft
- 2 Zwiebeln, gehackt
- 2 große Knoblauchzehen, gehackt
- 1 Möhre, fein geschnitten
- 2 EL Olivenöl
- 2 Lorbeerblätter
- eine kräftige Prise getrockneter Majoran oder Oregano
- 1,5 Liter Gemüsebrühe
- 2 EL Rotweinessig
- Salz und schwarzer Pfeffer
- Sellerieblätter zum Garnieren
- knusprige Brötchen zum Servieren

1 Bringen Sie alle Zutaten außer Essig, Gewürz und Garnitur in einem Topf bei mittlerer Hitze zum Kochen. Verringern Sie die Hitze und lassen Sie das Ganze 1½ Stunden köcheln; dabei ab und zu umrühren, damit die Linsen nicht anbrennen.

2 Nehmen Sie die Lorbeerblätter heraus und geben Sie den Essig mit Salz und Pfeffer hinein. Wenn die Suppe zu dick ist, verdünnen sie mit Brühe oder Wasser. Servieren Sie in vorgewärmten Tellern mit warmen, knusprigen Brötchen.

TIPP

Wenn Sie die Linsen lose kaufen, schütten Sie sie in einen Durchschlag und entfernen Sie zunächst groben Schmutz, bevor Sie sie abspülen.

Würzige Linsensuppe

V

Eine raffinierte Gewürzmischung macht diese Suppe zu einem außergewöhnlichen Vergnügen. Mit Brot haben Sie eine volle Mahlzeit.

ZUTATEN

6 Portionen

2 Zwiebel, gehackt
2 Knoblauchzehen, zerdrückt
4 Tomaten, grob gehackt
½ TL Kurkuma
1 TL gemahlener Kreuzkümmel
6 Kardamomschoten
½ Zimtstange
225 g/1⅓ Tassen rote Linsen, gewaschen und abgetropft
900 ml/3¾ Tassen Wasser
400 g Kokosmilch aus der Dose
1 EL Limonensaft
Salz und schwarzer Pfeffer
Kreuzkümmelsamen zum Garnieren

1 Bringen Sie Zwiebeln, Knoblauch, Tomaten, Kurkuma, Kümmel, Kardamom, Zimt, Linsen und Wasser in einem Topf zum Kochen. Verringern Sie die Hitze und köcheln Sie die Linsen in 20 Minuten weich.

2 Fischen Sie die Kardamomschoten und die Zimtstange heraus. Pürieren Sie die Mischung im Mixer und seihen Sie die Suppe in den gespülten Topf ab.

3 Geben Sie fast die ganze Kokosmilch mit dem Limonensaft in den Topf. Gut umrühren, salzen und pfeffern. Die Suppe wieder erwärmen (nicht kochen) und den Rest Kokosmilch darin leicht verquirlen. Mit Kümmelsamen garnieren und heiß servieren.

V

Südindisches Pfefferwasser

Eine beruhigende Brühe für kalte Winterabende. Sie können Sie mit den ganzen Gewürzen servieren oder abseihen. Der Zitronensaft kann auch weggelassen werden; die Suppe sollte jedoch sauer sein.

ZUTATEN

2–4 Portionen

2 EL Pflanzenöl
1/2 TL frisch gemahlener schwarzer Pfeffer
1 TL Kreuzkümmelsamen
1/2 TL Senfsamen
1/4 TL Asafetida-Pulver
2 getrocknete rote Chilischoten
4–6 Curryblätter
1/2 TL Kurkuma
2 Knoblauchzehen, zerdrückt
300 ml/1 1/4 Tassen Tomatensaft
Saft von 2 Zitronen
120 ml/1/2 Tasse Wasser
Salz
frisches Koriandergrün, gehackt, zum Garnieren

1 Erhitzen Sie das Öl in einem Topf und braten Sie darin Knoblauch und Gewürze an, bis die Chilischoten fast schwarz und der Knoblauch goldgelb sind.

2 Reduzieren Sie die Hitze und geben Sie Tomaten- und Zitronensaft, Wasser und Salz hinzu. Aufkochen und 10 Minuten köcheln lassen. Mit Koriander garnieren und heiß servieren.

TIPP

Asafetida ist eine scharfes Gewürzpulver, das in indischen Gemüsegerichten verwendet wird. Roh kann es sehr unangenehm riechen; der Geruch verschwindet jedoch beim Kochen.

Würzige Erdnusssuppe

V

Eine dicke Wintersuppe mit Cayennepfeffer und Erdnüssen.

ZUTATEN

6 Portionen

2 EL Öl
1 große Zwiebel, gehackt
2 Knoblauchzehen, zerdrückt
1 TL gemahlener Cayennepfeffer
2 rote Paprikaschoten, entkernt, zerkleinert
225 g/1½ Tassen klein geschnittene Möhren
225 g/1½ Tassen geschnittene Kartoffeln
3 Selleriestange, klein geschnitten
900 ml/3¾ Tassen Gemüsebrühe
6 EL Erdnussbutter
115 g/⅔ Tasse Mais
Salz und schwarzer Pfeffer
grob gehackte, ungesalzene, geröstete Erdnüsse zum Garnieren

1 Erhitzen Sie das Öl in einem Topf und braten Sie darin Zwiebel und Knoblauch etwa 3 Minuten. Mit dem Cayennepfeffer noch 1 Minute weiter braten.

2 Paprika, Möhren, Kartoffeln und Sellerie dazugeben und noch 4 Minute braten. Dabei ab und zu gut umrühren.

3 Rühren Sie Brühe, Erdnussbutter und Mais ein, bis alles gut vermischt ist.

4 Würzen und zum Kochen bringen; bedeckt das Gemüse in 20 Minuten zart köcheln. Schmecken Sie die Suppe vor dem Servieren ab und streuen Sie die gehackten Erdnüsse darüber.

Maissuppe mit Krabbenfleisch

Diese in China-Restaurants beliebte Vorspeise ist sehr einfach zuzubereiten. Mit Mais aus der Dose erhält sie die richtige Konsistenz.

ZUTATEN

4 Portionen

120 g Krabbenfleisch
½ TL frische Ingwerwurzel, gehackt
2 EL Milch
1 EL Stärkemehl
2 Eiweiß
600 ml/2½ Tassen Gemüsebrühe
225 g Mais aus der Dose
Salz und schwarzer Pfeffer
gehackte Fühlingszwiebeln zum Garnieren

1 Zerteilen Sie das Krabbenfleisch und mischen Sie es mit dem Ingwer. Rühren Sie Milch und Mehl glatt zusammen.

2 Schlagen Sie das Eiweiß schaumig, geben Sie die Mehlmischung dazu und schlagen Sie das Ganze wieder glatt. Mit dem Fleisch vermischen.

3 Bringen Sie die Brühe in einem Topf oder Wok zum Kochen. Geben Sie den Mais dazu und bringen alles wieder zum Kochen.

4 Rühren Sie die Krabben-Ei-Mischung ein, schmecken Sie die Suppe ab und rühren Sie gut um. Garnieren Sie sie mit gehackten Frühlingszwiebeln.

VARIATION

Statt Krabbenfleisch können Sie auch grob zerkleinerte Hühnerbrust nehmen.

Wan-Tan-Suppe

In China wird Wan-Tan-Suppe als Snack gegessen, weniger als Suppengang eines Menüs.

ZUTATEN

4 Portionen

175 g/gut eine Tasse grob zerkleinertes Schweinefleisch, nicht zu mager
50 g/½ Tasse Garnelen, geschält, zerkleinert
1 TL brauner Zucker
1 EL chinesischer Reiswein oder trockener Sherry
1 EL leichte Sojasoße
1 TL gehackte Frühlingszwiebeln
1 TL frische, gehackte Ingwerwurzel
24 fertige Wan-Tan-Blätter
750 ml/etwa 3 Tassen Brühe
1 EL leichte Sojasoße

1 Vermischen Sie das Fleisch und die Garnelen mit Zucker, Wein, Sojasoße, Schalotten und Ingwer. Lassen Sie die Mischung 25–30 Minuten durchziehen.

2 Geben Sie etwa 1 Teelöffel der Schweinefleischmischung in die Mitte jedes Wan-Tan-Blattes.

3 Feuchten Sie die Blätter an den Rändern an und drücken sie zusammen. Falten Sie die Blätter einmal.

4 Bringen Sie die Brühe in einem Wok zum Kochen. Kochen Sie die Wan-Tans darin 4–5 Minuten. Würzen Sie mit der Sojasoße und geben Sie die Frühlingszwiebeln hinein.

5 Füllen Sie die Suppe in Teller und servieren Sie sie heiß.

Herzhafte Suppen-mahlzeiten

Wintergemüsesuppe

Eine kräftige Suppe mit acht verschiedenen Gemüsesorten.

ZUTATEN

8 Portionen

- 1 mittelgroßer Wirsingkohl, geviertelt
- 2 EL Maiskeimöl
- 4 Möhren, in feine Scheiben geschnitten
- 2 Selleriestangen, in feine Scheiben geschnitten
- 2 Pastinaken, gewürfelt
- 1, 5 Liter Hühnerbrühe
- 3 Kartoffeln, gewürfelt
- 2 Zucchini, in Scheiben geschnitten
- 1 kleine rote Paprikaschoten, entkernt, gewürfelt
- 2 Tassen Blumenkohlröschen
- 2 Tomaten, entkernt und gewürfelt
- ½ TL frische Thymianblätter oder ¼ TL getrockneter Thymian
- 2 EL frische Petersilie, gehackt
- Salz und schwarzer Pfeffer

1 Schneiden Sie mit einem Messer den Kohl in dünne Streifen, quer über die Blätter.

2 Erhitzen Sie das Öl in einem Topf. Braten Sie darin Kohl, Möhren, Sellerie und Pastinaken bei mittlerer Temperatur 10–15 Minuten unter Rühren.

3 Rühren Sie die Brühe hinein und kochen sie auf. Schöpfen Sie dabei den Schaum von der Oberfläche ab.

4 Geben Sie Kartoffeln, Zucchini, Paprika, Blumenkohl und Tomaten mit den Kräutern und Salz und Pfeffer hinzu und kochen Sie alles auf. Köcheln Sie das Gemüse bei niedriger Temperatur zugedeckt 15–20 Minuten zart. Heiß servieren.

Gemüsesuppe mit Kräutern

V

Aus einem Potpourri frischer Gemüsesorten und Kräutern entsteht diese herrliche Mittagssuppe.

ZUTATEN

4 Portionen

2 EL Butter
1 Zwiebel gehackt
1 Stange Lauch, fein geschnitten
1 Stange Sellerie, gewürfelt
1 gelbe oder grüne Paprikaschote, entkernt und gewürfelt
2 EL frische Petersilie, gehackt
1 EL Mehl
1,2 Liter Gemüsebrühe
350 g/2½ Tassen Kartoffeln, gewürfelt
ein paar frische Thymianzweige oder ½ TL getrockneter Thymian
1 Lorbeerblatt
115 g/1 Tasse grüne Bohnen, geschnitten
120 ml/½ Tasse Milch
Salz und schwarzer Pfeffer

1 Zerlassen Sie die Butter in einem Topf oder einer feuerfesten Kasserolle. Braten Sie darin langsam Zwiebel, Lauch, Sellerie, Paprika und Petersilie zugedeckt bei mittlerer Temperatur weich.

2 Rühren Sie das Mehl ein und geben Sie langsam unter Rühren die Brühe hinein. Zum Kochen bringen, dabei oft umrühren.

3 Geben Sie die Kartoffeln, den Thymian und das Lorbeerblatt hinein und köcheln Sie ohne Deckel etwa 10 Minuten.

4 Geben Sie die Bohnen hinein und köcheln Sie noch etwa 10–15 Minuten das Gemüse zart.

5 Die Milch unterrühren, mit Salz und Pfeffer würzen und gut durchwärmen. Thymianstängel und Lorbeerblatt herausfischen.

V

Gemüsesuppe mit Kokos

Das Kokosaroma gibt dieser Suppe den köstlichen Geschmack.

ZUTATEN

4 Portionen

2 EL Butter oder Margarine
1/2 rote Zwiebel, gehackt
jeweils 175 g/gut 1 Tasse rote Bete, Süßkartoffel und Kürbis, alles gewürfelt
1 TL getrockneter Majoran
1/2 TL gemahlener Ingwer
1/4 TL gemahlener Zimt
1 EL Frühlingszwiebeln, gehackt
1 Liter würzige Gemüsebrühe
2 EL Mandelsplitter
1 frische Chilischote, entkernt, gehackt
1 TL Zucker
25 g Kokoscreme
Salz und schwarzer Pfeffer
frischer Koriander, gehackt, zum Garnieren (nach Geschmack)

1 Zerlassen Sie die Butter oder die Margarine in einem antihaftbeschichteten Topf. Braten Sie die Zwiebel darin am. Braten Sie sie mit dem Gemüse noch 3–4 Minuten.

2 Majoran, Ingwer, Zimt, Frühlingszwiebeln sowie Salz und Pfeffer hineingeben und bei niedriger Temperatur etwa 10 Minuten unter Rühren braten.

3 Rühren Sie Gemüsebrühe, Mandelsplitter, Chili und Zucker ein und kochen Sie zugedeckt in 10–15 Minuten das Gemüse zart.

4 Reiben Sie die Kokoscreme hinein und rühren Sie gut um. In vorgewärmten Tellern servieren; nach Geschmack mit frischem Koriander bestreuen.

Reissuppe mit Favabohnen

V

Die Suppe ist großartig mit frischen Bohnen; sie schmeckt jedoch auch mit gefrorenen Bohnen.

ZUTATEN

4 Portionen

1 kg dicke Bohnen in Hülsen oder knapp 3 Tassen gefrorene, gepulte dicke Bohnen, aufgetaut

6 EL Olivenöl

1 Zwiebel, gehackt

2 Tomaten, geschält, geschnitten

225 g/1 Tasse Arborio- oder anderer Reis (nicht parboiled)

2 EL Butter

1 Liter kochendes Wasser

Salz und schwarzer Pfeffer

geriebener Parmesankäse zum Servieren (nach Geschmack)

1 Kochen Sie einen großen Topf Wasser auf und blanchieren Sie die Bohnen 3–4 Minuten. Abspülen und frische Bohnen pulen.

2 Erhitzen Sie das Öl in einem Topf und braten Sie die Zwiebel darin an. Rühren Sie die Bohnen ein und braten Sie sie etwa 5 Minuten. Dabei umrühren, um sie mit Öl zu bedecken.

3 Schmecken Sie mit Salz und Pfeffer ab. Geben Sie die Tomaten dazu und braten unter Rühren 5 Minuten. Mit dem Reis noch 1 Minute weiter kochen; dabei rühren.

4 Rühren Sie die Butter unter, bis sie geschmolzen ist. Geben Sie nach und nach Wasser dazu und schmecken ab. Weiter kochen, bis der Reis zart ist. Nach Wunsch mit Parmesan servieren.

V

Frische Tomaten-Bohnen-Suppen

Zu dieser herzhaften, kernigen Tomatensuppe mit Bohnen und Koriander passt Oliven-Ciabatta-Brot.

ZUTATEN

4 Portionen

900 g reife Romatomaten
2 EL Olivenöl
275 g/2 Tassen Zwiebeln, grob gehackt
2 Knoblauchzehen, zerdrückt
900 ml/3¾ Tassen Gemüsebrühe
2 EL Tomatenmark
2 TL Paprikapulver
1 EL Stärkemehl
400 ml Cannellini-Bohnen aus der Dose, abgewaschen und abgetropft
2 EL frischer Koriander, gehackt
Salz und schwarzer Pfeffer
Oliven-Ciabatta-Brot zum Servieren

1 Schälen Sie die Tomaten. Schneiden Sie dazu ein kleines Kreuz in jede, begießen sie mit kochendem Wasser und lassen sie 30–60 Sekunden stehen.

2 Gießen Sie die Tomaten ab und schälen Sie sie. Vierteln Sie jede Tomate und halbieren Sie anschließend wiederum diese Viertel.

3 Erhitzen Sie das Öl in einem Topf und braten Sie die Zwiebeln und den Knoblauch darin an.

4 Geben Sie die Tomaten hinzu und rühren Sie die Brühe, das Tomatenmark und den Paprika ein. Mit Salz und Pfeffer würzen, aufkochen und 10 Minuten köcheln lassen.

5 Vermischen Sie Stärkemehl und 2 Esslöffel Wasser zu einer Paste. Die Bohnen und die Paste in die Suppe rühren und noch 5 Minuten kochen.

6 Abschmecken und vor dem Servieren den Koriander unterrühren. Dazu mit Olivenöl bepinseltes Ciabatta reichen.

V

Blumenkohl-Bohnen-Fenchel-Suppe

Das Lakritzaroma der Fenchelsamen dominiert diese Suppe.

ZUTATEN

4–6 Portionen

1 EL Olivenöl
1 Knoblauchzehe, zerdrückt
1 Zwiebel, gehackt
2 TL Fenchelsamen
1 Blumenkohl, in Röschen geschnitten
800 g grüne Bohnen aus der Dose
1,2 Liter Gemüsebrühe oder Wasser
Salz und schwarzer Pfeffer
frische Petersilie, gehackt, zum Garnieren
geröstetes Baguette zum Servieren

1 Erhitzen Sie das Olivenöl und braten Sie darin Knoblauch, Zwiebel und Fenchelsamen langsam an.

2 Geben Sie den Blumenkohl, die Hälfte der Bohnen und die Gemüsebrühe hinzu.

3 Bringen Sie die Suppe zum Kochen und köcheln sie bei niedriger Temperatur etwa 10 Minuten, bis der Blumenkohl zart ist. Anschließend pürieren Sie die Mischung im Mixer.

4 Die restlichen Bohnen unterrühren und abschmecken. Die Suppe erhitzen und in Schalen füllen. Mit Petersilie bestreuen und dazu geröstetes Baguette reichen.

Rote-Bete-Suppe mit Limabohnen

Diese Suppe ist ein vereinfachter Borschtsch und lässt sich in einem Bruchteil der Zeit zubereiten. Servieren Sie mit einem Löffel saurer Sahne und frischer Petersilie.

ZUTATEN

4 Portionen

2 EL Pflanzenöl
1 Zwiebel, gehackt
1 TL Kümmelsamen
Schale einer halben Orange, fein gerieben
250 g/2 Tassen rote Bete, gekocht, gerieben
1¼ Tassen Rinderbrühe oder Rassol (siehe die Empfehlung)
400 g Limabohnen aus der Dose, abgegossen und gewaschen
1 EL Weinessig
4 EL saure Sahne
4 EL frische Petersilie, gehackt

1 Erhitzen Sie das Öl in einem Topf und braten Sie darin Zwiebel, Kümmelsamen und Orangenschale an.

2 Köcheln Sie die Mischung mit der roten Bete, der Brühe, den Bohnen und dem Essig etwa 10 Minuten bei schwacher Hitze.

3 Verteilen Sie die Suppe auf 4 Teller, geben Sie einen Löffel saure Sahne auf jede und streuen Sie Petersilie darüber.

TIPP

Rassol ist eine Rote-Bete-Brühe mit einer kräftigen Farbe und starkem Aroma. Am ehesten findet man sie in koscheren Lebensmittelgeschäften.

Würzige Bohnensuppe

Eine sättigende Suppe mit zwei Sorten Bohnen und Kümmelaroma.

ZUTATEN

6–8 Portionen

175 g/1 Tasse getrocknete schwarze Bohnen, und abgegossen
175 g/1 Tasse getrocknete Kidneybohnen, über Nacht eingeweicht und abgegossen
2 Lorbeerblätter
6 EL Salz
2 EL Oliven- oder anderes Pflanzenöl
3 Möhren, geschnitten
1 Zwiebel, gehackt
1 Stange Sellerie, geschnitten
1 Knoblauchzehe, zerdrückt
1 TL gemahlener Kreuzkümmel
1¼–1½ TL Cayennepfeffer
1½ TL getrockneter Oregano
1,2 Liter Rotwein
5 Tassen Rinderbrühe
1 Tasse Wasser
Salz und schwarzer Pfeffer

Für die Garnitur
saure Sahne
frischer Koriander, gehackt

1 Die beiden Bohnensorten getrennt jeweils mit einem Lorbeerblatt 10 Minuten kochen. Bei niedriger Temperatur zugedeckt 20 Minuten garen.

2 Geben Sie in jeden der beiden Töpfe 3 Esslöffel Salz und köcheln Sie noch 30 Minuten, bis die Bohnen zart sind, gießen Sie sie dann ab.

3 Das Öl in einer feuerfesten Kasserolle erhitzen. Möhren, Zwiebel, Sellerie und Knoblauch dazugeben und bei niedriger Temperatur 8–10 Minuten unter Rühren weich kochen. Rühren Sie dann die Gewürze unter.

4 Wein, Brühe und Wasser dazugeben und alles zusammenrühren. Die Bohnen ohne die Lorbeerblätter in die Kasserolle geben.

5 Bringen Sie alles zum Kochen garen 20 Minuten bei niedriger Temperatur zugedeckt. Dabei ab und zu umrühren.

6 Pürieren Sie die Hälfte der Suppe in einem Mixer. Gießen Sie sie zurück in den Topf und rühren Sie gut um.

7 Erwärmen Sie die Suppe erneut und schmecken Sie ab. Heiß servieren, garniert mit saurer Sahne und gehacktem Koriander.

Schwarz-weiße Bohnensuppe

V

Obwohl diese Suppe ihre Zeit braucht, lohnt sich der Aufwand: Das Ergebnis ist fantastisch.

ZUTATEN

8 Portionen

350 g/2 Tassen getrocknete schwarze Bohnen, über Nacht eingeweicht und abgegossen
2,5 Liter Wasser
6 Knoblauchzehen, zerdrückt
350 g/2 Tassen getrocknete weiße Bohnen, über Nacht eingeweicht und abgegossen
6 EL Balsamessig
4 Jalapeñoschoten, entkernt und gehackt
6 Frühlingszwiebeln, gehackt
Saft einer Limone
50 ml/¼ Tasse Olivenöl
¼ Tasse frischer Koriander, gehackt, dazu ein wenig zum Garnieren
Salz und schwarzer Pfeffer

1 Bringen Sie die schwarzen Bohnen mit der Hälfte des Wassers und der Knoblauchzehen zum Kochen. Bei niedriger Temperatur zugedeckt etwa 1½ Stunden garen, bis die Bohnen weich sind.

2 Kochen Sie die weißen Bohnen in einem anderen Topf mit dem restlichen Wasser und Knoblauch auf und garen sie zugedeckt bei schwacher Hitze.

3 Pürieren Sie die weißen Bohnen in einem Mixer und rühren Sie den Essig, die Jalapeños und die Hälfte der Frühlingszwiebeln ein. Wieder im Topf erhitzen.

4 Pürieren Sie jetzt die schwarzen Bohnen im Mixer, geben sie in den Topf zurück und rühren Limonensaft, Olivenöl, Koriander und die restlichen Frühlingszwiebeln ein. Langsam erhitzen.

5 Würzen Sie beide Suppen mit Salz und Pfeffer. Geben Sie beide Suppen in jede Teller und verrühren sie mit einem Holzstab miteinander. Mit frischem Koriander garnieren.

V

Pistou

Diese köstliche Gemüsesuppe aus dem südfranzösischen Nizza wird mit Pesto, getrockneten Tomaten und Parmesan angerichtet.

INGREDIENTS

4 Portionen

1 Zucchini, gewürfelt
1 kleine Kartoffel, gewürfelt
1 Schalotte, gehackt
1 Möhre, geschnitten
225 g Tomatenstücke aus der Dose
1,2 Liter Gemüsebrühe
50 g/½ Tasse schlanke grüne Bohnen, in 1 cm lange Stücke geschnitten
50 g/½ Tasse kleine gefrorene Erbsen
50 g/½ Tasse kleine Nudeln
4–6 EL Pesto, selbst gemacht oder gekauft
1 EL Tomatenpüree (am besten aus sonnengetrockneten Tomaten)
Salz und schwarzer Pfeffer
Parmesankäse, frisch gerieben

1 Bringen Sie Zucchini, Kartoffel, Schalotte, Möhre und Tomaten mit der Gemüsebrühe und Salz und Pfeffer zum Kochen. Garen Sie die Suppe zugedeckt 20 Minuten.

2 Geben Sie grüne Bohnen, Erbsen und Pasta hinzu und kochen Sie noch 10 Minuten, bis die Nudeln weich sind.

3 Würzen Sie die Suppe nach Geschmack. Geben Sie auf jede Portion einen Löffel Pesto, vermischt mit Tomatenmark.

4 Stellen Sie geriebenen Parmesan auf den Tisch, der auf die Suppe gestreut wird.

Ribollita

V

Ribollita ist der Minestrpne ähnlich, wird jedoch mit Bohnen statt mit Pasta gemacht. In Italien wird die Suppe traditionell auf Brot und grünem Gemüse serviert; Sie können beides jedoch auch weglassen.

ZUTATEN

6–8 Portionen

3 EL Olivenöl
2 Zwiebeln, gehackt
2 Möhren, in Scheiben geschnitten
4 Knoblauchzehen, zerdrückt
2 Selleriestangen, in dünnen Scheiben
1 Fenchelknolle, klein geschnitten
2 große Zucchini, fein geschnitten
400 ml passierte Tomaten aus der Dose
2 EL Pesto, selbst gemacht oder gekauft
900 ml/3¾ Tassen Gemüsebrühe
400 g Prinzess- oder Borlottibohnen aus der Dose, abgetropft
Salz und frisch gemahlener schwarzer Pfeffer

Zum Servieren

450 g junger Spinat
1 EL Olivenöl extra vergine, dazu ein wenig zum Betröpfeln
6–8 Scheiben Weißbrot
geraspelter Parmesankäse

1 Erhitzen Sie das Öl in einem Topf und braten Sie darin Zwiebeln, Möhren, Knoblauch, Sellerie und Fenchel 10 Minuten. Mit den Zucchinischeiben weitere 2 Minuten braten.

2 Mit den passierten Tomaten, dem Pesto, der Brühe und den Bohnen aufkochen und bei schwacher Hitze das ganze Gemüse in 25–30 Minuten garen. Mit Salz und frisch gemahlenem schwarzen Pfeffer abschmecken.

3 Braten Sie den Spinat zum Servieren 2 Minuten in dem Öl an und streuen Sie ihn über das Brot in den Suppenschalen. Darüber die Suppe gießen und mit etwas Olivenöl betröpfeln. Eventuell mit etwas Parmesan bestreuen.

Maissuppe mit Paradiesfeigen

Die Süße des Mais und der Feigen vereinigt sich mit ein wenig Chili zu einer ungewöhnlichen Suppe.

ZUTATEN

4 Portionen

2 EL Butter oder Margarine
1 Zwiebel, gehackt
1 Knoblauchzehe, zerdrückt
2 Paradiesfeigen, geschält, in Scheiben
1 große Tomate, geschält, geschnitten
175 g/1 Tasse Mais
1 TL getrockneter Estragon, zerdrückt
900 ml/3¾ Tassen Gemüse- oder Hühnerbrühe
1 frische grüne Chilischote, entkernt, gehackt
eine Prise frisch gemahlener Muskat
Salz und schwarzer Pfeffer

1 Zerlassen Sie die Butter oder Margarine in einem Topf und braten Sie darin die Zwiebel und den Knoblauch an.

2 Mit den Feigen, der Tomate und dem Mais weitere 5 Minuten braten.

3 Estragon, Brühe, Chili, Pfeffer und Salz dazugeben und 10 Minuten köcheln, oder bis die Feigen zart sind. Muskat unterrühren und gleich servieren.

V

Erdnusssuppe

Erdnüsse werden in der afrikanischen Küche in vielen Soßen verwendet. Erdnussmus finden Sie in Naturkostläden; es ergibt eine reichhaltige Suppe. Yamswurzel kann man in Asialäden bekommen.

ZUTATEN

4 Portionen

45 ml/3 EL Erdnussmus oder Erdnussbutter
1½ Liter Brühe oder Wasser
2 EL Tomatenmark
1 Zwiebel, gehackt
2 Scheiben frische Ingwerwurzel
¼ TL getrockneter Thymian
1 Lorbeerblatt
Cayennepfeffer
225 g/1½ Tassen Yamswurzel, gewürfelt
10 kleine Okraschoten, geschnitten (nach Geschmack)
Salz

1 Verrühren Sie das Erdnussmus bzw. die Erdnussbutter mit 1¼ Tassen Brühe oder Wasser und dem Tomatenmark zu einer glatten Creme.

2 Geben Sie die Nussmischung mit Zwiebel, Ingwer, Thymian, Lorbeerblatt, Cayennepfeffer, Salz zum Abschmecken und der restlichen Brühe in einen Topf.

3 Langsam zum Sieden erhitzen, dann 1 Stunde kochen. Ab und zu kräftig durchrühren, damit die Nussmischung nicht verklebt.

4 Kochen Sie die Mischung noch 10 Minuten mit der Yamswurzel. Eventuell die Okraschoten dazugeben und köcheln, bis beides zart ist. Gleich servieren.

V

Italienische Rauke-Kartoffel-Suppe

Diese Suppe ist ein traditionelles italienisches Bauernrezept. Wenn Sie keine Rauke bekommen können, schmecken auch Babyspinatblätter oder Brunnenkresse.

ZUTATEN

4 Portionen

900 g junge Kartoffeln
900 ml/3¾ Tassen kräftige Gemüsebrühe
1 mittelgroße Möhre
120 g Rauke (Rucola)
½ TL Cayennepfeffer
½ Laib hartes Ciabattabrot, in Stücke gebrochen
4 Knoblauchzehen, in feinen Scheiben
4 EL Olivenöl
Salz und schwarzer Pfeffer

1 Bringen Sie die Brühe mit den gewürfelten Kartoffeln und ein wenig Salz zum Kochen. 10 Minuten köcheln.

2 Geben Sie die fein gewürfelten Möhren hinzu. Reißen Sie die Raukeblätter in Stücke, geben sie in den Topf und köcheln das Gemüse in 15 Minuten zart.

3 Geben Sie Cayennepfeffer, Salz und schwarzen Pfeffer und das Brot hinein. Nehmen Sie den Topf vom Herd und lassen Sie ihn 10 Minuten stehen.

4 Sautieren Sie den Knoblauch in dem Olivenöl goldgelb. Geben Sie auf jede Portion ein wenig Knoblauch. Gleich servieren.

Tschechische Fischsuppe mit Knödeln

Sie können hierfür alle möglichen Fischsorten verwenden, etwa Barsch, Wels oder Kabeljau. Die Knödel lassen sich mit Mehl oder Gries zubereiten.

INGREDIENTS

4–8 Portionen

3 Scheiben Speck ohne Rinde, gewürfelt
600 g frischer Fisch, ohne Haut und Gräten, gewürfelt
1 EL Paprikapulver, dazu ein wenig zum Garnieren
1½ Liter Fischbrühe oder Wasser
3 feste Tomaten, geschält und geschnitten
4 wachsweiche Tomaten, geschält und geraspelt
1–2 TL frischer Majoran, gehackt, dazu ein wenig zum Garnieren

Für die Knödel

75 g/½ Tasse Grieß oder Mehl
1 Ei, geschlagen
3 EL Milch oder Wasser
eine kräftige Prise Salz
1 EL frische Petersilie, gehackt

1 Braten Sie den gewürfelten Speck in einem Topf goldbraun. Braten Sie darin den Fisch an; achten Sie darauf, dass er nicht zerbröckelt.

2 Geben Sie den Paprika hinzu und bringen Sie die Mischung mit der Brühe bzw. dem Wasser zum Kochen. 10 Minuten köcheln.

3 Rühren Sie die Tomaten, die geraspelte Kartoffel und den Majoran hinein und kochen Sie 10 Minuten unter Rühren.

4 Mischen Sie die Zutaten für die Knödel zusammen und lassen sie, bedeckt mit Plastikfolie, 5–10 Minuten stehen.

5 Geben Sie die Knödelmischung löffelweise in die Suppe und kochen sie 10 Minuten. Heiß servieren, garniert mit etwas Majoran und Paprika.

Gelbe Brühe

Dies ist eine der vielen Versionen der berühmten irischen Suppe, die mit Hafer angedickt wird und auch danach schmeckt.

ZUTATEN

4 Portionen

2 EL Butter
1 Zwiebel, gehackt
1 Stange Sellerie, geschnitten
1 Möhre, fein geschnitten
2 EL Mehl
900 ml/3¾ Tassen Hühnerbrühe
25 g/¼ Tasse Hafer
115 g/1½ Tassen Spinat, geschnitten
2 EL Sahne
Salz und schwarzer Pfeffer
frische Petersilie, gehackt, zum Garnieren (nach Wunsch)

1 Zerlassen Sie die Butter in einem Topf. Braten Sie darin Zwiebel, Sellerie und Möhre etwa 2 Minuten an.

2 Geben Sie das Mehl dazu und braten Sie noch 1 Minute unter Rühren. Mit der Hühnerbrühe zum Kochen bringen. Bei schwacher Hitze das Gemüse zugedeckt etwa 30 Minuten garen.

3 Kochen Sie noch 15 Minuten mit dem Hafer und dem Spinat unter Rühren weiter.

4 Rühren Sie die Sahne hinein und würzen Sie die Suppe gut. Nach Wunsch mit gehackter Petersilie garnieren.

Erbsen-Kürbis-Suppe

V

Oft nimmt man Corned Beef für die Suppe. Hier die vegetarische Version.

ZUTATEN

4 Portionen

225 g/1 Tasse Spalterbsen

1,2 Liter Wasser

2 EL Butter

1 Zwiebel, gehackt

225 g/1½ Tassen Kürbis, klein geschnitten

3 Tomaten, geschält, geschnitten

1 TL getrockneter Estragon, zerdrückt

1 EL frischer Koriander, gehackt

½ TL gemahlener Kreuzkümmel

1 Brühwurfel (vegetarisch), zerkrümelt

Cayennepfeffer zum Abschmecken

frische Korianderzweige zum Garnieren

1 Weichen Sie die halben Erbsen über Nacht ein, vollständig mit Wasser bedeckt. Dann abgießen und in einem Topf mit dem Wasser 30 Minuten kochen, bis sie zart sind.

2 Zerlassen Sie in einem zweiten Topf die Butter und sautieren Sie darin die Zwiebel.

3 Mit Kürbis, Tomaten, Estragon, Koriander, Kümmel, Brühwürfel und Cayennepfeffer bei hoher Temperatur zum Kochen bringen.

4 Rühren Sie die Gemüsemischung in die Erbsen mit dem Kochwasser. Etwa 20 Minuten köcheln, bis das Gemüse zart ist. Die Suppe kann noch mit etwas Wasser verdünnt werden. Heiß servieren, garniert mit Korianderzweigen.

V

Grüne-Linsen-Suppe

Linsensuppe ist ein Klassiker aus der östlichen mediterranen Küche. Je nach Region ist die Würze sehr unterschiedlich. Für diese Suppe können durchaus auch rote Linsen verwendet werden.

ZUTATEN

4–6 Portionen

225 g/1 1/3 Tasse grüne Linsen
5 EL Olivenöl
3 Zwiebeln, gehackt
2 Knoblauchzehen, klein geschnitten
2 TL Kreuzkümmelsamen, zerdrückt
1/4 TL gemahlenes Kurkuma
600 ml/2 1/2 Tassen Gemüsebrühe
600 ml/2 1/2 Tassen Wasser
Salz und schwarzer Pfeffer
2 EL frischer Koriander, gehackt, zum Garnieren
warmes, knuspriges Brot zum Servieren

1 Bedecken Sie die Linsen in einem Topf mit Wasser und kochen sie 10 Minuten; dann abgießen.

2 Erhitzen Sie 2 EL Öl in einem Topf und braten Sie darin zwei Zwiebeln, Knoblauch, Kümmel und Kurkuma an. Mit den Linsen, der Brühe und Wasser zum Kochen bringen. Bei niedriger Temperatur 30 Minuten köcheln, bis die Linsen weich sind.

3 Das restliche Öl erhitzen und die dritte Zwiebel darin anbraten.

4 Zerstampfen Sie mit einem Kartoffelstampfer die Linsen und machen die Suppe breiig. Erwärmen Sie die Suppe wieder und schmecken sie ab.

5 Rühren Sie etwas frischen Koriander in die gebratene Zwiebel und streuen Sie den Rest über die Suppe. Mit warmem, knusprigem Brot servieren.

TIPP

Linsen müssen vor dem Kochen nicht eingeweicht werden.

Linsensuppe mit Rosmarin

Diese klassische italienische Bauernsuppe mit Rosmarin serviert man am besten mit Knoblauchbrot.

ZUTATEN

4 Portionen

225 g/1 Tasse getrocknete grüne oder braune Linsen
3 EL Olivenöl extra virgine
3 Scheiben Speck, gewürfelt
1 Zwiebel, gehackt
2 Stangen Sellerie, geschnitten
2 Möhren, geschnitten
2 frische Rosmarinzweige, gehackt
2 Lorbeerblätter
400 g Tomaten aus der Dose
1,75 Liter Gemüsebrühe
Salz und schwarzer Pfeffer
frische Lorbeerblätter und Rosmarinzweige zum Garnieren

1 Lassen Sie die Linsen mindestens 2 Stunden mit Wasser bedeckt stehen; dann waschen und abgießen.

2 Erhitzen Sie das Öl in einem Topf und braten Sie den Speck darin 3 Minuten an. Mit den Zwiebeln weitere 5 Minuten braten. Rühren Sie dann Sellerie, Möhren, Rosmarin, Lorbeerblätter und Linsen ein und braten Sie die Mischung 1 Minute unter starkem Rühren, bis alles mit Öl bedeckt ist.

3 Mit der Brühe und den Tomaten aufkochen und bei schwacher Hitze teilweise zugedeckt etwa 1 Stunde garen, bis die Linsen zart sind.

4 Nehmen Sie die Lorbeerblätter heraus und schmecken Sie ab. Servieren Sie die Suppe garniert mit frischen Lorbeerblättern und Rosmarinzweigen.

TIPP

Sehr geeignet sind die kleinen, grünen Linsen aus italienischen Lebensmittelgeschäften.

V

Linsen-Nudel-Suppe

Zu dieser sättigenden, vegetarischen Bauernsuppe passt knuspriges italienisches Brot.

ZUTATEN

4–6 Portionen

- 175 g/3/4 Tasse braune Linsen
- 3 Knoblauchzehen
- 1 Liter Wasser
- 3 EL Olivenöl
- 2 EL Butter
- 1 Zwiebel, gehackt
- 2 Selleriestangen, geschnitten
- 2 EL Tomatenmark
- 1 3/4 Liter Gemüsebrühe
- ein paar frische Majoranblätter, dazu einige zum Garnieren
- ein paar frische Basilikumblätter
- Blätter von einem frischen Thymianzweig
- 50 g/1/2 Tasse kleine Nudeln
- Salz und frisch gemahlener schwarzer Pfeffer

1 Geben Sie die Linsen mit einer aufgebrochenen (nicht geschälten) Knoblauchzehe in einen Topf. Gießen Sie dann das Wasser darüber und bringen Sie es zum Kochen. Herunterschalten und etwa 20 Minuten unter gelegentlichem Rühren köcheln, bis die Linsen gerade zart sind.

2 Gießen Sie die Linsen ab und nehmen Sie die Knoblauchzehe heraus. Beiseite stellen.

3 Spülen Sie die Linsen unter kaltem Wasser ab und lasssen sie stehen. Erhitzen Sie 2 Teelöffel Öl mit der Hälfte der Butter in einem Topf und braten Sie darin Zwiebel und Sellerie 5–7 Minuten unter Rühren weich.

TIPP

Zwar können grüne statt brauner Linsen verwendet werden; die orangen und roten werden jedoch zu breiig.

4 Pressen Sie den restlichen Knoblauch und schälen und pressen Sie die gekochte Knoblauchzehe. Das Gemüse mit dem restlichen Öl, dann das Tomatenmark und die Linsen unterrühren. Geben Sie Brühe, Kräuter, Salz und Pfeffer hinzu und kochen Sie alles unter Rühren auf. Bei schwacher Hitze 30 Minuten garen.

5 Die Nudeln dazugeben und aufkochen. Unter Rühren 7–8 Minuten, je nach Pastasorte, *al dente* kochen. Die restliche Butter dazugeben und abschmecken. Im vorgewärmten Tellern heiß servieren, garniert mit Majoranblättern.

Nudelsuppe mit gerösteten Tomaten

V

Wenn Sie gerade keine sehr aromatischen Tomaten bekommen können, ist diese Suppe gerade richtig Durch das Rösten bekommen auch geschmacksarme Tomaten ein wundervolles, rauchiges Aroma.

ZUTATEN

4 Portionen

450 g reife saftige Romatomaten, längs halbiert
1 große rote Paprikaschote, längs geviertelt und entkernt
1 große rote Zwiebel, längs geviertelt
2 Knoblauchzehen, ungeschält
1 EL Olivenöl
1,2 Liter Gemüsebrühe oder Wasser
eine kräftige Prise Salz
knapp 1 Tasse kleine Nudeln, etwa *Tubetti* oder kleine Makkaroni
Salz und schwarzer Pfeffer
frische Basilikumblätter zum Garnieren

1 Heizen Sie den Backofen auf 190° C (Gas: Stufe 4) vor. Verteilen Sie Tomaten, Paprika, Zwiebel und Knoblauch auf einem Blech und beträpfeln sie mit dem Olivenöl. Backen Sie alles 30–40 Minuten (dabei wenden), bis das Gemüse weich und angekohlt ist.

2 Pürieren Sie das Gemüse mit einer Tasse Brühe oder Wasser im Mixer und drücken Sie es anschließend durch ein Sieb in den Kochtopf.

3 Bringen Sie die Suppe mit der restlichen Brühe, dem Zucker, Salz und Pfeffer zum Kochen.

4 Geben Sie die Nudeln hinzu und kochen sie, je nach Sorte, 7–8 Minuten *al dente*. Mit Salz und Pfeffer abschmecken. Servieren Sie die Suppe heiß in vorgewärmten Tellern, garniert mit frischen Basilikumblättern.

TIPP

Das Gemüse kann schon vorher gebacken werden und dann im Kühlschrank über Nacht in einer zugedeckten Schüssel abkühlen, bevor Sie es pürieren.

Kleine Nudeln in Brühe

In Italien wird diese Suppe oft mit Brot als leichtes Abendessen serviert.

ZUTATEN

4 Portionen

1,2 Liter Rinderbrühe
75 g/3/4 Tasse kleinen Suppennudeln
2 eingelegte rote Paprikaschoten, ca. 50 g
Salz und schwarzer Pfeffer
geriebener Parmesankäse zum Servieren

1 Die Rinderbrühe in einem Topf zum Kochen bringen. Mit Salz und Pfeffer abschmecken und die Suppennudeln hineingeben. Umrühren und aufkochen.

2 Bei schwacher Hitze die Pasta, je nach Sorte, 7–8 Minuten *al dente* kochen. Dabei oft umrühren, damit die Nudeln nicht verkleben.

3 Die Paprika abgießen und fein würfeln. Auf den Boden der vorgewärmten Suppenteller geben; diese dann beiseite stellen.

4 Schmecken Sie die Suppe ab, füllen sie in die Schalen und servieren sie gleich. Dazu geriebenen Parmesan reichen.

Gestopfte Hütchen in Brühe

Diese Suppe wird in Norditalien am St. Stefanstag (der Tag nach Weihnachten) serviert. Sie ist eine leichte Abwechslung zum üppigen Weihnachtsessen am Tag zuvor. Traditionell wird sie mit den Kapaunen vom Weihnachtsessen gekocht; aber sie schmeckt auch mit Hühnerbrühe

ZUTATEN

4 Portionen

1,2 Liter Hühnerbrühe
90–115g/1 Tasse frische oder getrocknete Tortellini *(Cappelletti)*
2 EL trockener Weißwein (nach Wunsch)
etwa 1 EL frische, glatte Petersilie, gehackt (nach Geschmack)
Salz und schwarzer Pfeffer
etwa 2 EL geriebener Parmesan

1 Bringen Sie die Hühnerbrühe in einem Topf zum Kochen. Würzen Sie mit Salz und Pfeffer und geben Sie die Pasta hinein.

2 Umrühren und nochmals aufkochen. Die Pasta bei schwacher Hitze *al dente* kochen. Rühren Sie dabei oft um, damit die Pasta gleichmäßig gar wird.

3 Rühren Sie den Wein und die Petersilie nach Geschmack ein und würzen Sie. Füllen Sie die Suppe in Schalen und bestreuen sie mit Parmesan.

TIPP

Cappelletti ist nur eine anderer Name für die Tortellini aus Romagna. Sie können sie kaufen oder noch besser selber herstellen.

Nudel-Kichererbsen-Suppe

Diese sättigende Suppe ist nicht schwer zu machen. Die Muschelnudeln ergänzen sich hübsch mit den Kichererbsen.

ZUTATEN

4–6 Portionen

4 EL Olivenöl
1 Zwiebel, gehackt
2 Möhren, geschnitten
2 Selleriestangen, fein geschnitten
400 g Kichererbsen aus der Dose, gewaschen und abgetropft
200 g Cannellinibohnen aus der Dose, gewaschen und abgetropft
150 ml/$^2/_3$ Tasse passierte Tomaten
120 ml/$^1/_2$ Tasse Wasser
1,5 Liter Gemüse- oder Hühnerbrühe
1 frischer Rosmarinzweig, dazu einige Blätter zum Garnieren
knapp 2 Tassen getrocknete *Conchiglie* oder andere Pasta
Salz und schwarzer Pfeffer
Parmesankäsescheiben zum Servieren

1 Erhitzen Sie das Öl in einem Topf. Braten Sie darin das Gemüse bei niedriger Temperatur 5–7 Minuten, dabei ab und zu umrühren.

2 Rühren Sie die Kichererbsen und die Cannellinibohnen ein und braten sie 5 Minuten. Mit den passierten Tomaten und Wasser noch 2–3 Minuten braten.

3 Geben Sie 2 Tassen Brühe, den Rosmarinzweig, Salz und Pfeffer hinein und bringen Sie die Suppe zum Kochen. Bei schwacher Hitze zugedeckt noch etwa 1 Stunde garen. Ab und zu umrühren.

VARIATIONEN

Sie können auch andere Pasta nehmen; *Conchiglie* sind jedoch ideal, da sie die Kichererbsen und die Bohnen umschließen. Mit dem Gemüse kann man auch Knoblauch braten.

4 Die restliche Brühe und die Pasta dazugeben und zum Kochen bringen. Herunterschalten und die Pasta etwa 7–8 Minuten *al dente* kochen. Nehmen Sie den Rosmarinzweig heraus und servieren Sie die Suppe bestreut mit Rosmarinblättern und Parmesanscheiben.

Kichererbsen-Petersilie-Suppe

Petersilie und Zitrone geben den Kichererbsen ein frisches Aroma.

ZUTATEN

6 Portionen

225 g/1 1/3 Tasse getrocknete Kichererbsen, über Nacht eingeweicht
1 kleine Zwiebel
1 Bündel frische Petersilie, etwa 40 g
30 ml/2 EL Oliven- und Sonnenblumenöl, gemischt
1,2 Liter Hühnerbrühe
Saft einer halben Zitrone
Salz und schwarzer Pfeffer
Zitronenstückchen und fein geschälte Schalenstreifen zum Garnieren

1 Spülen und gießen Sie die Kichererbsen ab. Kochen Sie sie 1–1 1/2 Stunden in kochendem Wasser zart. Abgießen und schälen.

2 Pürieren Sie die Zwiebel und die Petersilie im Mixer, bis sie fein zerkleinert sind.

3 Erhitzen Sie das Öl in einem Topf oder einer Kasserolle und braten Sie darin die Zwiebelmischung etwa 4 Minuten, bis die Zwiebel leicht aufgeweicht ist.

4 Braten Sie darin die Kichererbsen etwa 1–2 Minuten. Gießen Sie Brühe hinein und schmecken Sie ab. Die Suppe aufkochen und 20 Minuten köcheln.

5 Lassen Sie die Suppe etwas abkühlen und zerdrücken Sie die Erbsen mit einer Gabel, bis die Suppe dick, aber noch bröckelig ist. Erhitzen Sie die Suppe wieder.

6 Geben Sie den Zitronensaft dazu und garnieren Sie mit Zitronenstücken und -schale.

V

Kichererbsen-Spinatsuppe mit Knoblauch

Diese köstliche, dick-cremige Suppe ist reichhaltig und ideal für Vegetarier.

ZUTATEN

4 Portionen

2 EL Olivenöl
4 Knoblauchzehen, zerdrückt
1 Zwiebel, grob geschnitten
2 TL gemahlener Kreuzkümmel
2 TL gemahlener Koriander
1,2 Liter Gemüsebrühe
350 g/2½ Tassen Kartoffeln, geschnitten
400 g Kichererbsen aus der Dose
1 EL Stärkemehl
150 ml/⅔ Tasse Vollfettsahne
2 EL Tahini
200 g Spinat, zerkleinert
Cayennepfeffer
Salz und schwarzer Pfeffer

1 Erhitzen Sie das Öl in einem Topf und braten Sie darin den Knoblauch und die Zwiebel an, bis die Zwiebel weich und goldgelb ist.

Achtung: mehr Gewürz, weniger Brühe, kräftig würzen.

Evt. mit verlorenen Eiern

2 Rühren Sie Kümmel und Koriander ein. Geben Sie die Brühe und die Kartoffeln hinzu und bringen sie zum Kochen. Dann 10 Minuten köcheln.

3 Mit den Kichererbsen noch 5 Minuten köcheln, oder bis die Kartoffeln gerade zart sind.

4 Vermischen Sie das Stärkemehl mit Sahne, Tahini und viel Gewürz. Rühren Sie es mit dem Spinat in die Suppe und bringen Sie alles unter Rühren zum Kochen. Herunterschalten, 2 Minuten köcheln und mit Salz, Pfeffer und Cayennepfeffer würzen. Mit Cayennepfeffer bestreuen.

TIPP

Tahini ist Sesammus und in Naturkostläden und Reformhäusern erhältlich.

Osteuropäische Kichererbsensuppe

Kichererbsen sind ein Grundbestandteil der balkanesischen Küche. Sie ist herzhaft und schnell zubereitet.

ZUTATEN

4–6 Portionen

500 g/5 Tassen Kichererbsen, über Nacht eingeweicht
2,3 Liter Gemüsebrühe
3 große, weiche Kartoffeln, geschnitten
50 ml/¼ Tasse Olivenöl
225 g Spinatblätter
Salz und schwarzer Pfeffer
1 Mettwürstchen, gekocht (nach Wunsch)

1 Gießen Sie die Kichererbsen ab und waschen sie. Geben Sie sie mit der Brühe in einen Topf und bringen sie zum Kochen. Herunterschalten und etwa 1 Stunde kochen.

2 Mischen Sie Kartoffeln, Olivenöl, Salz und Pfeffer hinzu und kochen Sie noch 20 Minuten, bis die Kartoffeln zart sind.

3 Geben Sie 5 Minuten vor Schluss den Spinat und das Mettwürstchen (falls gewünscht) hinein.

Dicke Mais-Muschel-Suppe

Frischer Mais ist zwar am besten, doch können Sie auch tiefgefrorenen oder Dosenmais nehmen. Diese Suppe ist fast eine Mahlzeit für sich und ein ideales Mittagsgericht.

ZUTATEN

4–6 Portionen

2 Maiskolben oder 200 g/gut 1 Tasse tiefgefrorener oder Mais aus der Dose
600 ml/2½ Tassen Milch
1 EL Butter oder Margarine
1 Stange Lauch oder 1 Zwiebel, gehackt
40 g/¼ Tasse Räucherspeck, fein geschnitten
1 kleine Knoblauchzehe, zerdrückt
1 kleine grüne Paprikaschote, entkernt, gewürfelt
1 Selleriestange, geschnitten
1 mittelgroße Kartoffel, gewürfelt
1 EL Mehl
300 ml/1¼ Tassen Hühner- oder Gemüsebrühe
4 Kammmuscheln
120 g frische Muscheln, gekocht
eine Prise Paprikapulver
150 ml/⅔ Tasse fettarme Sahne
Salz und schwarzer Pfeffer

1 Schneiden Sie die Maiskörner mit einem scharfen Messer vom Kolben. Pürieren Sie die Hälfte der Körner mit etwas Milch im Mixer; stellen Sie die andere Hälfte beiseite.

2 Zerlassen Sie die Butter oder Margarine in einem Topf und braten darin Zwiebel, Speck und Knoblauch 4–5 Minuten weich. Geben Sie Paprikaschote, Sellerie und Kartoffel hinzu und schwitzen sie bei niedriger Temperatur noch 3–4 Minuten aus. Dabei häufig umrühren.

3 Braten Sie die Mischung mit dem Mehl noch 1–2 Minuten goldbraun und schaumig. Rühren Sie Milch, Maismischung, Brühe, die restliche Milch und die andere Hälfte Mais sowie Gewürz ein.

4 Aufkochen und bei schwacher Hitze teilweise zugedeckt 15–20 Minuten garen, bis das Gemüse zart ist.

5 Schneiden Sie das Muschelfleisch ohne Korallen in kleine Stücke. Rühren Sie sie in die Suppe und kochen sie 4 Minuten. Dann Korallen, Muscheln und Paprika unterrühren und ein paar Minuten durchwärmen. Eventuell Sahne unterrühren, abschmecken und servieren.

Muschelcremesuppe

Die traditionelle, reichhaltige Suppe aus Neuengland ist eine köstliche Mischung aus Muscheln, Schweinefleisch, Kartoffeln und Sahne

ZUTATEN

8 Portionen

48 Venusmuscheln, geschrubbt
1,5 Liter Wasser
40 g/¼ Tasse geräuchertes Schweinefleisch oder Speck, gewürfelt
3 Zwiebeln, gehackt
1 Lorberblatt
3 Kartoffeln, gewürfelt
500 ml/2 Tassen warme Milch
250 ml/1 Tasse fettarme Sahne
Salz und schwarzer Pfeffer
frische Petersilie, gehackt, zum Garnieren

1 Putzen Sie die Muscheln und gießen sie ab. Geben Sie sie in einen Topf mit kaltem Wasser und kochen sie etwa 10 Minuten, bis sie sich öffnen. Nehmen sie den Topf vom Herd.

2 Wenn die Muscheln etwas abgekühlt sind, schälen Sie sie (nur die, die sich geöffnet haben). Die Muscheln grob schneiden, die Kochflüssigkeit durch ein mit Musselin ausgelegtes Sieb gießen und beiseite stellen.

3 Braten Sie das Fleisch oder den Speck in einem Topf braun oder bis das Fett ausgelaufen ist. Geben Sie die Zwiebeln dazu und braten sie in 8–10 Minuten weich.

4 Rühren Sie Lorbeerblatt, Kartoffeln und Muschelflüssigkeit unter und kochen Sie das Ganze 5–10 Minuten.

5 Rühren Sie die Muscheln unter und garen Sie die Kartoffeln unter gelegentlichem Rühren. Dann abschmecken.

6 Geben Sie Milch und Sahne dazu und erhitzen Sie die Suppe vorsichtig unter Rühren etwa 5 Minuten. Fischen Sie das Lorbeerblatt heraus. Garnieren Sie die Suppe mit Petersilie.

Würzige Muschelsuppe

Diese türkische Fischsuppe wird mit Harissa gewürzt, das eigentlich eher in der nordafrikanischen Küche gebräuchlich ist.

ZUTATEN

6 Portionen

- 1,5 kg frische Miesmuscheln
- 150 ml/⅔ Tasse trockener Weißwein
- 2 EL Olivenöl
- 1 Zwiebel, gehackt
- 2 Knoblauchzehen, zerdrückt
- 2 Selleriestangen, fein geschnitten
- ein Bündel Frühlingszwiebeln, fein geschnitten
- 1 Kartoffel, gewürfelt
- 1½ TL Harissa
- 3 Tomaten, geschält und gewürfelt
- 3 EL frische Petersilie, gehackt
- frisch gemahlener schwarzer Pfeffer
- Naturjogurt zum Servieren

1 Putzen Sie die Muscheln; sortieren Sie beschädigte oder offene, die sich bei Berühren mit einem Messer nicht öffnen, aus.

2 Bringen Sie den Wein in einem Topf zum Kochen. Geben Sie die Muscheln hinzu und kochen sie zugedeckt 4–5 Minuten, bis die Muscheln sich weit öffnen. Sortieren Sie geschlossene aus und werfen sie weg. Gießen Sie die Muscheln ab und bewahren Sie die Kochflüssigkeit auf. Schälen Sie die Muscheln, außer einigen zum Garnieren.

3 Erhitzen Sie das Öl in einem Topf und braten Sie darin Zwiebel, Knoblauch, Sellerie und Schalotten an.

4 Kochen Sie alles mit den Muscheln, der Kochflüssigkeit, der Kartoffel, Harissa und den Tomaten auf. Herunterschalten und zugedeckt 25 Minuten garen.

5 Petersilie und Pfeffer unterrühren und die ungeschälten Muscheln hineingeben. Erwärmen Sie die Suppe und servieren sie mit einem Löffel Jogurt.

Lachssuppe mit Curry

In Asia-Läden bekommen Sie Kokoscreme am Stück. Sie löst sich auf und ergibt ein starkes Aroma.

ZUTATEN

4 Portionen

- 4 EL Butter
- 225 g/1½ Tassen Zwiebeln, grob gehackt
- 2 TL milde Currypaste
- 500 ml/2 Tassen Wasser
- 150 ml/⅔ Tasse Weißwein
- 300 ml/1¼ Tassen Vollfettsahne
- 50 g/½ Tasse feste Kokoscreme, geraspelt
- 350 g Kartoffeln, fein gewürfelt
- 500 g Lachsfilet, gehäutet und in mundgerechte Stücke geschnitten
- 4 EL glatte Petersilie, gehackt
- Salz und schwarzer Pfeffer

1 Zerlassen Sie die Butter in einem Topf und braten die Zwiebeln darin an. Geben Sie die Currypaste hinzu und braten Sie noch 1 Minute.

2 Mischen Sie Wasser, Wein, Sahne, Kokoscreme und ein wenig Gewürz dazu. Bringen Sie die Mischung zum Kochen und rühren Sie um, bis sich die Kokoscreme auflöst.

3 Geben Sie die Kartoffeln hinein und garen sie zugedeckt etwa 15 Minuten, ohne dass sie dabei zerfallen.

4 Rühren Sie vorsichtig den Fisch ein und kochen ihn in 2–3 Minuten zart. Die Petersilie dazugeben und abschmecken; gleich servieren.

Lachscremesuppe

Dill harmoniert ausgezeichnet mit Lachs in dieser cremigen Suppe.

ZUTATEN

4 Portionen

- 1½ EL Butter oder Margarine
- 1 Zwiebel, gehackt
- 1 Stange Lauch, geschnitten
- 1 kleine Fenchelknolle, klein geschnitten
- 25 g/2½ EL Mehl
- 1,75 Liter Fischbrühe
- 2 Kartoffeln, in 1 cm großen Würfeln
- 500 g Lachs ohne Haut und Gräten, in 2 cm große Würfel geschnitten
- 175 ml/¾ Tasse Milch
- 120 ml/½ Tasse Schlagsahne
- 2 EL frischer Dill, gehackt
- Salz und schwarzer Pfeffer

1 Zerlassen Sie die Butter oder Margarine in einem Topf und braten Sie darin Zwiebel, Lauch und Fenchel bei mittlerer Hitze 5–8 Minuten weich, dabei ab und zu umrühren.

2 Das Mehl unterrühren und bei schwacher Hitze 3 Minuten braten; ab und zu umrühren.

3 Geben Sie Fischbrühe und Kartoffeln hinein, würzen Sie mit Salz und Pfeffer und kochen Sie die Suppe auf. Herunterschalten und die Kartoffeln zugedeckt in etwa 20 Minuten garen.

4 Köcheln Sie mit dem Lachs weitere 3–5 Minuten, bis er gar ist und zerfällt.

5 Rühren Sie Milch, Sahne und Dill unter und erhitzen alles (nicht kochen). Schmecken Sie die Suppe vor dem Servieren ab.

Kartoffelsuppe mit Räucherschellfisch

In Schottland heißt diese Suppe „Cullen skink". „Cullen" *bezeichnet einen Hafen,* „skink" *bedeutet in etwa* „Brühe".

ZUTATEN

6 Portionen

1 geräucherter Schellfisch, etwa 350 g
1 Zwiebel, gehackt
1 Bund Suppengrün
900 ml/3¾ Tassen Wasser
600 g Kartoffeln, geviertelt
600 ml/2½ Tassen Milch
3 EL Butter
Salz und schwarzer Pfeffer
frischer Schnittlauch, gehackt (Garnitur)
knuspriges Brot zum Servieren

1 Bringen Sie Schellfisch, Zwiebel, Suppengrün und Wasser in einem Topf zum Kochen. Schöpfen Sie den Schaum ab und pochieren Sie den Schellfisch 10–15 Minuten, bis er zu zerfallen beginnt.

2 Heben Sie den Fisch aus dem Topf und entfernen Haut und Gräten. Zerteilen Sie das Fleisch und stellen es beiseite. Köcheln Sie Haut und Gräten 30 Minuten ohne Deckel und seihen Sie dann die Brühe ab.

3 Gießen Sie die Brühe zurück in den Topf und köcheln darin die Kartoffeln etwa 25 Minuten zart. Heben Sie die Kartoffeln mit einem Abseihlöffel aus dem Topf, gießen Sie die Milch hinein und kochen sie auf.

4 Zerquetschen Sie die Kartoffeln mit der Butter und rühren sie kräftig in die Flüssigkeit im Topf, bis diese dick und cremig ist. Geben Sie den Fisch wieder hinein und schmecken die Suppe ab. Servieren Sie mit Schnittlauch bestreut.

Okrasuppe mit geräuchertem Dorsch

Diese Suppe entstand aus einem ghanesischem Rezept und wurde mit geräuchertem Fisch erweitert.

ZUTATEN

4 Portionen

2 Kochbananen
4 EL Butter oder Margarine
1 Zwiebel, gehackt
2 Tomaten, geschält und gehackt
120 g Okraschoten, klein geschnitten
225 g geräuchertes Dorschfilet, gehäutet, in mundgerechte Stücke geschnitten
900 ml/3³/₄ Tassen Fischbrühe
1 frische Chilischote, entkernt, gehackt
Salz und schwarzer Pfeffer
frische Petersilienzweige zum Garnieren

1 Schlitzen Sie die Schalen der Bananen auf und legen sie ganz in einen Topf. Bedecken Sie sie mit Wasser und bringen sie bei mittlerer Hitze zum Kochen. In 25 Minuten zart kochen, auf einen Teller legen und abkühlen lassen.

2 Zerlassen Sie die Butter oder Margarine in einem Topf und sautieren Sie darin die Zwiebeln etwa 5 Minuten. Rühren Sie Tomaten und Okraschoten ein und braten Sie noch 10 Minuten.

3 Geben Sie Dorsch, Brühe, Chilistücke und Gewürze hinzu und bringen Sie alles zum Kochen. Garen Sie die Suppe bei schwacher Hitze etwa 20 Minuten, bis der Fisch leicht zerfällt.

4 Schälen Sie die gekochten Bananen und schneiden sie in Scheiben. Rühren Sie sie in die Suppe und erhitzen sie ein paar Minuten. Mit Petersilie garnieren.

Fischbällchen-Suppe

In Japan heißt diese leckere Suppe Tsumire-jiru. Tsumire *bedeutet „Sardinenbällchen", und diese verleihen der köstlichen Suppe auch ihren deftigen Geschmack.*

ZUTATEN

4 Portionen

100 ml/7 EL Reiswein oder trockener Weißwein
1,2 Liter/5 Tassen Dashi (Rezept siehe Register)
150 g Shimeji-Pilze oder 6 Shiitake-Pilze
1 Lauchstange oder große Frühlingszwiebel
4 EL weiße Misopaste

Für die Fischbällchen

20 g frische Ingwerwurzel
800 g frische Sardinen, speisefertig und ohne Köpfe
2 EL weiße Misopaste
1 EL Reiswein oder trockener Weißwein
1½ TL Zucker
1 Ei
2 EL Stärkemehl

1 Reiben Sie den Ingwer und pressen Sie ihn aus, bis Sie einen Teelöffel Ingwersaft haben.

2 Putzen Sie die Sardinen, halbieren sie entlang der Wirbelsäule und entfernen Sie die Gräten. Zum Häuten legen Sie sie mit der Haut nach unten und ritzen mit einem scharfen Messer die Haut entlang.

3 Schneiden Sie die Sardinen klein und pürieren sie mit Ingwersaft, Miso, Wein, Zucker und Ei, so dass eine dicke Paste im Mixer entsteht. Geben Sie die Paste in eine Schüssel und vermischen sie mit dem Stärkemehl.

4 Die Shimeji-Pilze schneiden und die Stängel separat aufbewahren. Shiitake-Pilze trennt man zuerst von den Stängeln; diese werden gehäckselt. Schneiden Sie den Lauch in Stücke.

5 Bringen Sie die Zutaten für die Suppe zum Kochen . Formen Sie die Sardinenmischung mit nassen Löffeln zu Bällchen, werfen Sie sie in die Suppe und geben die Pilze und den Lauch bzw. die Frühlingszwiebel hinzu.

6 Köcheln Sie die Suppe, bis die Sardinenbällchen an der Oberfläche schwimmen, dann sind sie gar. Gleich servieren, am besten in tiefen Schalen.

Hühner-Minestrone

Diese Minestrone wird mit frischem Hühnerfleisch gemacht. Mit knusprigem italienischen Brot hat man eine herzhafte Mahlzeit.

ZUTATEN

4–6 Portionen

1 EL Olivenöl
2 Hühnerschenkel
3 Scheiben Speck, klein geschnitten
1 Zwiebel, gehackt
frische Basilikumblätter, gehackt
frische Rosmarinblätter, gehackt
1 EL frische glatte Petersilie, gehackt
2 Kartoffeln, in 1 cm großen Würfeln
1 große Möhre, in 1 cm großen Würfeln
2 kleine Zucchini, in 1 cm großen Würfeln
1 oder 2 Selleriestangen, in 1 cm großen Würfeln
1 Liter Hühnerbrühe
200 g/1¾ Tassen tiefgefrorene Erbsen
90 g/knapp 1 Tasse kleine Suppennudeln
Salz und frisch gemahlener schwarzer Pfeffer
Parmesanhobel zum Servieren

1 Erhitzen Sie das Öl in einem Topf und braten Sie das Hühnerfleisch etwa 5 Minuten pro Seite. Mit einem Abseihlöffel herausholen und beiseite stellen.

2 Geben Sie Speck, Zwiebel und Kräuter dazu und braten alles langsam unter Rühren. Mit Kartoffeln, Zucchini und Sellerie weitere 5–7 Minuten braten.

3 Geben Sie das Fleisch zurück in den Topf und kochen es mit der Brühe bei niedriger Temperatur 35–40 Minuten. Dabei ab und zu umrühren.

4 Heben Sie das Hühnerfleisch mit einem Abseihlöffel heraus und legen es auf ein Brett. Rühren Sie die Erbsen und die Pasta in die Suppe und bringen sie zum Kochen. Kochen Sie die Nudeln unter Rühren 7–8 Minuten *al dente.*

5 Entfernen Sie die Haut vom Fleisch, trennen Sie es von den Knochen und schneiden Sie es in Streifen.

6 Geben Sie das Fleisch zurück in die Suppe, rühren Sie gut um und erhitzen Sie die Suppe erneut. Schmecken Sie ab.

7 Servieren Sie in vorgewärmten Tellern, garniert mit Parmesanhobeln.

Pastaquadrate und Erbsen in Brühe

Diese Suppe stammt aus Lazio, wo man sie traditionell mit selbst gemachten Pasta und Erbsen zubereitet. Gekaufte Pasta und tiefgefrorene Erbsen sind jedoch zeitsparender.

ZUTATEN

4–6 Portionen

2 EL Butter

50 g Pancetta oder geräucherter Speck, grob geschnitten

1 kleine Zwiebel, gehackt

1 Selleriestange, geschnitten

400 g/3½ Tassen tiefgefrorene Erbsen

1 TL Tomatenmark

1–2 TL frische glatte Petersilie, gehackt

1 Liter Hühnerbrühe

300 g frische Lasagneplatten

50 g Parmaschinken, klein geschnitten

Salz und schwarzer Pfeffer

geriebener Parmesan zum Servieren

1 Zerlassen Sie die Butter in einem Topf. Geben Sie den Pancetta bzw. Speck, Zwiebel und Sellerie hinzu und braten Sie alles bei schwacher Hitze 5 Minuten an.

TIPP

Salzen Sie vorsichtig, da der Pancetta und der Parmaschinken an sich schon sehr salzig sind.

2 Braten Sie noch 3–4 Minuten mit den Erbsen unter Rühren weiter. Rühren Sie Tomatenmark, Petersilie, Brühe, Salz und Pfeffer ein und kochen Sie die Suppe auf. Lassen Sie sie zugedeckt 10 Minuten köcheln. Schneiden Sie die Lasagneplatten in Quadrate von ungefähr 2 cm Seitenlänge.

3 Schmecken Sie die Suppe ab. Geben Sie die Pasta hinein und bringen Sie die Suppe unter Rühren zum Kochen. Lassen Sie sie 2–3 Minuten köcheln, oder bis die Pasta *al dente* ist. Rühren Sie den Schinken hinein. Servieren Sie die Suppe heiß; reichen Sie dazu geriebenen Parmesan.

Kürbissuppe mit Speck und Käse

Diese leicht gewürzte Kürbissuppe wird mit viel geschmolzenem Käse angereichert.

ZUTATEN

4 Portionen

900 g Kürbisfleisch
225 g geräucherter Speck
1 EL Öl
225 g/1½ Tassen Zwiebeln, grob gehackt
2 Knoblauchzehen, zerdrückt
2 EL gemahlener Kreuzkümmel
1 EL gemahlener Koriander
300 g/2 Tassen Kartoffeln, gewürfelt
900 ml/3¾ Tassen Gemüsebrühe
2 TL Stärkemehl
2 EL saure Sahne
Tabasco zum Abschmecken
Salz und schwarzer Pfeffer
175 g/1½ Tassen geriebener Greyerzer Käse oder anderer würziger Käse zum Servieren
knuspriges Brot zum Servieren

1 Schneiden Sie den Kürbis in große Stücke. Entfernen Sie vorsichtig die Haut mit einem scharfen Messer.

2 Kratzen Sie die Kerne heraus und schneiden Sie das Fleisch in kleine Stücke. Entfernen Sie das Fett vom Speck und schneiden Sie ihn grob in kleine Stücke.

3 Erhitzen Sie das Öl in einem Topf und braten Sie darin die Zwiebeln und den Knoblauch etwa 3 Minuten an.

4 Braten Sie den Speck etwa 3 Minuten. Rühren Sie die Gewürze ein und braten Sie noch eine Minute bei schwacher Hitze.

5 Geben Sie Kürbis, Kartoffeln und Brühe hinzu. Dann aufkochen und 15 Minuten köcheln, oder bis das Gemüse zart ist.

6 Vermischen Sie das Stärkemehl mit 2 Esslöffeln Wasser und geben es mit der sauren Sahne in die Suppe. Aufkochen und ca. 3 Minuten ohne Deckel köcheln. Schmecken Sie die Soße ab und würzen Sie mit Tabasco.

7 Die Suppe in Teller füllen und den Käse darauf streuen. Servieren Sie gleich und reichen Sie knuspriges Brot dazu, um es in den Käse zu stippen.

TIPP

Sie können sowohl Flaschen- als auch Riesenkürbisfleisch verwenden.

Erbsensuppe mit Schweinehaxe

Den Hauptbestandteil der Suppe bildet eine Schweinehaxe. Sie können aber auch Schweinebauch verwenden; fischen Sie ihn vor dem Servieren mit den Kräutern heraus.

ZUTATEN

4 Portionen

500 g/2½ Tassen grüne Spalterbsen
4 Scheiben Schinken
1 Zwiebel, grob gehackt
2 Möhren, geschnitten
1 Selleriestange, geschnitten
2,5 Liter kaltes Wasser
1 frischer Thymianzweig
2 Lorbeerblätter
1 große Kartoffel, grob gewürfelt
1 Schweinehaxe
frisch gemahlener schwarzer Pfeffer

1 Weichen Sie die Erbsen über Nacht mit kaltem Wasser bedeckt ein.

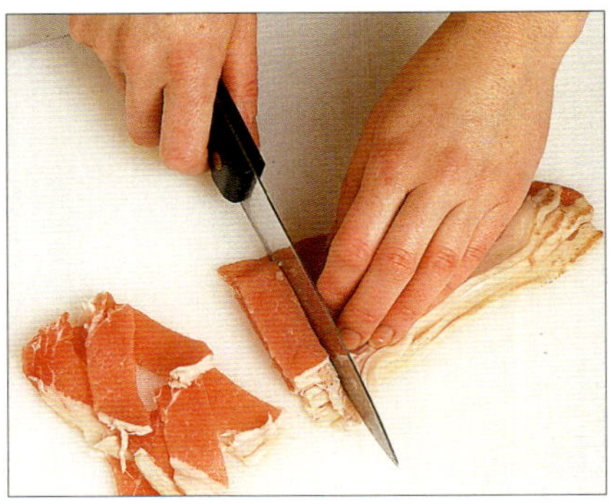

2 Schneiden Sie den Schinken klein und braten ihn 4–5 Minuten knusprig. Heben Sie ihn mit einem Abseihlöffel aus dem Topf.

3 Braten Sie die Zwiebel, Möhren und Sellerie in dem Fett im Topf an. Geben Sie den Schinken mit dem Wasser zurück in den Topf.

4 Mischen Sie die abgegossenen Erbsen mit Thymian, Lorbeerblättern, Kartoffel und der ganzen Haxe in den Topf und bringen Sie alles zum Kochen. 1 Stunde zugedeckt garen.

5 Fischen Sie Thymian, Lorbeerblätter und Haxe heraus. Pürieren Sie die Suppe im Mixer glatt und gießen Sie sie zurück in den gespülten Topf. Schneiden Sie das Fleisch von der Haxe, geben Sie es in die Suppe und erhitzen Sie alles erneut. Mit Pfeffer würzen und servieren.

Linsen-Speck-Suppe mit Wiener Würstchen

Diese herzhafte Suppe kann auch ohne Wiener Würstchen zubereitet werden, wenn man sie etwas leichter mag.

ZUTATEN

6 Portionen

225 g/1 Tasse braune Linsen
1 EL Sonnenblumenkernöl
1 Zwiebel, fein gehackt
1 Stange Lauch, fein gehackt
1 Möhre, fein gewürfelt
2 Stangen Sellerie, geschnitten
120 g magerer Schinken
2 Lorbeerblätter
1,5 Liter Wasser
2 EL frische Petersilie, gehackt, dazu ein wenig zum Garnieren
225 g/2 Tassen Frankfurter Würstchen, in Scheiben
Salz und schwarzer Pfeffer

1 Waschen Sie die Linsen gut und gießen sie ab.

2 Erhitzen Sie das Öl in einem Topf und braten Sie die Zwiebel darin an. Lauch, Möhre, Sellerie, Schinken und Lorbeerblätter dazugeben.

3 Geben Sie die Linsen hinzu und bringen sie mit dem Wasser zum Kochen; schöpfen Sie dabei den Schaum ab. Köcheln Sie teilweise zugedeckt 45–50 Minuten, oder bis die Linsen weich sind.

4 Holen Sie den Schinken heraus und würfeln Sie ihn. Dabei das Fett herausschneiden.

5 Geben Sie den Schinken mit der Petersilie und den Würstchenscheiben in die Suppe. Mit Salz und Pfeffer würzen und 2–3 Minuten köcheln. Fischen Sie dann die Lorbeerblätter heraus.

6 Garnieren Sie jede Portion mit Petersilie. Heiß servieren.

TIPP

Im Gegensatz zu den meisten Hülsenfrüchten muss man braune Linsen nicht einweichen.

Schweinefleisch-Nudel-Suppe mit Garnelen

Diese pikante Suppe aus Vietnam ist einfach zu kochen und schmeckt ungewöhnlich. Die Nudeln machen aus der Suppe eine volle und nahrhafte Mahlzeit.

ZUTATEN

4–6 Portionen

350 g Schweinekotelett oder -filet
250 g rohe oder gekochte Garnelen
150 g kleine Eiernudeln
1 EL pflanzliches Öl
2 TL Sesamöl
4 Schalotten oder 1 Zwiebel, gehackt
1 EL frische Ingwerwurzel, in feine Scheiben, geschnitten
1 Knoblauchzehe, zerdrückt
1 TL Zucker
1,5 Liter Hühnerbrühe
2 Limonenblätter
3 EL Fischsoße
Saft einer halben Limone

Für die Garnitur

4 frische Korianderzweige
2 Frühlingszwiebeln, (nur das Grüne), klein geschnitten

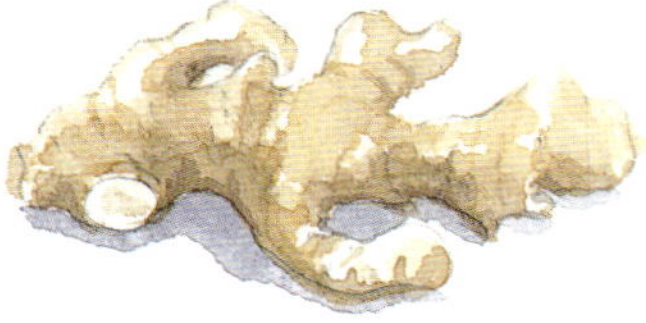

1 Wenn Sie Kotelett verwenden, schneiden Sie Fett und Knochen heraus. Lassen Sie das Fleisch 30 Minuten im Tiefkühler fest werden, dann lässt es sich besser schneiden. Stellen Sie das in Scheiben geschnittene Fleisch beiseite.

2 Rohe Garnelen müssen Sie schälen und ausnehmen.

3 Geben Sie die Eiernudeln in einen Topf kochendes Wasser und kochen sie gar. Gießen Sie sie ab und schrecken sie mit kaltem Wasser ab; stellen Sie sie anschließend beiseite.

4 Erwärmen Sie einen Wok und erhitzen Sie darin das Öl. Wenn es heiß ist, geben Sie die Schalotten hinein und braten Sie unter Rühren an. Nehmen Sie sie heraus und stellen sie beiseite.

5 Geben Sie Ingwer, Knoblauch, Zucker und Brühe hinein und bringen Sie alles zum Kochen. Dann Limonenblätter, Fischsoße und Limonensaft dazugeben. Mit dem Fleisch 15 Minuten köcheln.

6 Köcheln Sie die Suppe mit den Garnelen 3–4 Minuten; rohe Garnelen brauchen etwas länger, bis sie durch sind.

7 Garnieren Sie die Suppe mit den Korianderzweigen und dem Grün der Frühlingszwiebeln.

VARIATION

Dieses Rezept kann auch mit 200 g Hühnerbrust (ohne Knochen) anstatt mit Schweinefleisch zubereitet werden.

Suppe mit köstlichem Dreierlei

Diese schmackhafte Suppe verbindet Hühnerfleisch mit Schinken und Garnelen.

ZUTATEN

4 Portionen

120 g Hühnerbrust ohne Knochen
120 g mit Honig gerösteter Schinken
120 g geschälte Garnelen
700 ml/3 Tassen Hühnerbrühe
Salz
Frühlingszwiebeln, gehackt zum Garnieren

1 Schneiden Sie die Hühnerbrust und den Schinken klein. Große Garnelen müssen eventuell längs halbiert werden.

2 Bringen Sie die Brühe in einem Topf zum Kochen. Huhn, Schinken und Garnelen hineingeben und aufkochen. Dann salzen und 1 Minute köcheln lassen.

3 Garnieren Sie jede Portion mit gehackten Frühlingszwiebeln. Heiß servieren.

TIPP

Frische, rohe Garnelen haben den besten Geschmack. Wenn Sie keine bekommen können, verwenden Sie gekochte; geben Sie diese aber erst gegen Ende des Kochvorgangs hinzu.

Lamm-Gurken-Suppe

Diese Suppe ist einfach zu machen und sehr lecker.

ZUTATEN

4 Portionen

225 g Lammsteak ohne Knochen
1 EL leichte Sojasoße
2 TL chinesischer Reiswein oder trockener Sherry
½ TL Sesamöl
ein 7,5 cm großes Stück Gurke
750 ml/3 Tassen Hühner- oder Gemüsebrühe
1 EL Reisessig
Salz und schwarzer Pfeffer

1 Schneiden Sie das Fett von dem Lamm und schneiden Sie es in kleine Stücke. Marinieren Sie es 25–30 Minuten in Sojasoße, Wein bzw. Sherry und Sesamöl. Dann die Marinade weggießen.

2 Halbieren Sie die Gurke längs (nicht schälen). Schneiden Sie sie in dünne, diagonale Scheiben.

3 Kochen Sie die Brühe in einem Topf oder Wok auf. Rühren Sie das Lammfleisch ein.

4 Wieder aufkochen und Gurke, Essig und Gewürz dazugeben. Nochmals zum Kochen bringen und gleich servieren.

Bulgarische saure Lammsuppe

Für diese traditionelle saure Suppe kann man statt Lamm auch Schwein oder Geflügel nehmen.

ZUTATEN

4–5 Portionen

2 EL Öl
450 g mageres Lammfleisch ohne Knochen, geschnitten und gewürfelt
1 Zwiebel, gewürfelt
2 EL Mehl
1 EL Paprikapulver
1 Liter Lammbrühe, heiß
3 frische Petersilienzweige
4 Frühlingszwiebeln
4 frische Dillzweige
25 g/knapp 1/4 Tasse Langkornreis
2 Eier, geschlagen
2–3 EL Essig oder Zitronensaft
Salz und schwarzer Pfeffer

Für die Garnitur

2 El Butter
1 TL Paprikapulver
frische Petersilie, Liebstöckel oder Dill

1 Erhitzen Sie das Öl in einem Topf. Braten Sie erst das Fleisch und dann die Zwiebel an. Mehl und Paprikapulver einstreuen und mit der Brühe 10 Minuten kochen.

2 Geben Sie das Kräuterbündel mit Reis und Gewürz in den Topf. Aufkochen und bei niedriger Temperatur 30–40 Minuten köcheln, oder bis das Lamm zart ist.

3 Nehmen Sie den Topf vom Herd und rühren die Eier unter. Gießen Sie Essig oder Zitronensaft hinein, holen die Kräuter heraus und würzen.

4 Für die Garnitur zerlassen Sie die Butter in einer Pfanne und geben den Paprika dazu. Füllen Sie die Suppe in vorgewärmte Teller und garnieren Sie mit Kräutern und Paprikabutter.

Nudelsuppe mit Fleischklößchen

Diese Suppe aus dem sonnigen Sizilien reicht voll und ganz als herzhafte Mittagsmahlzeit bei jedem Wetter aus.

ZUTATEN

4 Portionen

700 ml Rinderkraftbrühe
90 g/¾ Tasse sehr dünne Pasta, wie *Fidelini* oder *Spaghettini*
frische glatte Petersilie zum Garnieren
geriebener Parmesankäse zum Servieren

Für die Fleischklößchen

1 sehr dicke Scheibe Weißbrot ohne Kruste
30 ml/2 EL Milch
225 g Rinderhackfleisch
1 Knoblauchzehe, zerdrückt
2 EL geriebener Parmesankäse
2–3 EL frische glatte Petersilie, grob gehackt
1 Ei
eine gute Prise frisch gemahlener Muskat
Salz und frisch gemahlener schwarzer Pfeffer

1 Brechen Sie das Brot für die Klöße in eine Schüssel und weichen Sie es in der Milch ein. Geben Sie Fleisch, Knoblauch, Parmesan, Petersilie und Ei in eine große Schüssel. Mahlen Sie den Muskat darüber und schmecken Sie mit Salz und Pfeffer ab.

2 Drücken Sie die Milch mit den Händen aus dem Brot. Kneten Sie das Brot und die Fleischmischung zusammen. Formen Sie mit nassen Händen winzige Kugeln (etwa in Murmelgröße) aus der Mischung.

3 Geben Sie die Brühe in einen Topf. Fügen Sie Wasser nach Vorschrift dazu und zusätzlich etwa 350 ml. Dann abschmecken, aufkochen und die Fleischbällchen hineingeben.

4 Brechen Sie die Nudeln in kleine Stücke und geben sie in die Suppe. Bringen Sie sie unter Rühren zum Kochen, schalten Sie herunter und kochen in 7–8 Minuten *al dente*. Schmecken Sie die Suppe ab.

5 Füllen Sie die Suppe in vorgewärmte Teller und garnieren sie mit Petersilie und frisch geriebenem Parmesan. Gleich servieren.

Klare Suppe mit Fleischklößchen

Eine Suppe nach chinesischer Art, bei der die Fleischklößchen hervorragend zum Gemüse passen.

ZUTATEN

8 Portionen

4–6 getrocknete große Pilze, 30 Minuten in warmem Wasser eingeweicht
2 EL Erdnussöl
1 große Zwiebel, gehackt
2 Knoblauchzehen, zerdrückt
ein 1-cm-Stück frische Ingwerwurzel, zerdrückt
2 Liter Rinder- oder Hühnerbrühe, inklusive dem Einweichwasser der Pilze
2 EL Sojasoße
40 g Grünkohl, Spinat oder Napakohl, zerkleinert

Für die Fleischklößchen

175 g feines Rinderhackfleisch
1 kleine Zwiebel, gehackt
1 oder 2 Knoblauchzehen, zerdrückt
1 EL Stärkemehl
ein kleines Eiweiß, leicht geschlagen
Salz und schwarzer Pfeffer

1 Verrühren Sie für die Klößchen Zwiebel, Knoblauch, Stärkemehl und Würze in der Küchenmaschine. Binden Sie die Mischung mit Eiweiß. Rollen Sie sie mit nassen Händen zu mundgerechten Bällchen; beiseite stellen.

2 Gießen Sie die Pilze ab und bewahren Sie das Wasser auf. Trennen Sie die Stängel ab und schneiden Sie die Köpfe klein.

3 Erhitzen Sie das Öl in einem Topf und braten Sie darin Zwiebel, Knoblauch und Ingwer an, ohne dass sie braun werden.

4 Geben Sie die Brühe hinein und kochen sie auf. Rühren Sie Sojasoße und Pilzscheibchen ein und köcheln Sie 10 Minuten. Mit den Klößchen weitere 10 Minuten kochen.

5 Nehmen Sie den Ingwer kurz vor dem Servieren heraus und rühren Sie den Kohl oder Spinat ein. Wärmen Sie ihn 1 Minute durch (nicht länger, sonst zerkochen die Blätter) und servieren Sie die Suppe sofort.

Gemüsesuppe mit Schweinefleisch

Die exotischen Zutaten für diese Suppe bekommen Sie in asiatischen Lebensmittelgeschäften.

INGREDIENTS

4 Portionen

50 g Gobo (nach Wunsch)
1 TL Reisessig
½ schwarze Konnyaku, etwa 120 g
2 TL Öl
200 g Schweinebauch, in dünne 1½–2 cm lange Streifen geschnitten
1 Tasse Daikon, geschält, in Scheiben
½ Möhre, in dünnen Scheiben
1 Kartoffel, in dünnen Scheiben
4 Shiitake-Pilze ohne Stängel, in dünne Scheiben geschnitten
3½ Tassen Kombu- und Bonito-Brühe oder Dashi
1 EL Reiswein oder trockener Weißwein
3 EL rote oder weiße Misopaste

Für die Garnitur

2 Frühlingszwiebeln, fein geschnitten
Sieben-Gewürz-Aroma (*Shichimi*)

1 Schrubben Sie die Haut des Gobo mit einer Gemüsebürste. Raspeln Sie das Gemüse und weichen Sie den Gobo 5 Minuten in viel Wasser mit dem Essig (um den bitteren Geschmack zu neutralisieren) ein; dann abgießen.

2 Bedecken Sie die Konnyaku in einem Topf mit Wasser. Bei mittlerer Hitze aufkochen, abgießen und abkühlen lassen: Dabei verschwindet der bittere Geschmack.

3 Reißen Sie die Konnyaku in 2 cm große Stücke. Nehmen Sie kein Messer dazu, da eine glatt geschnitte Oberfläche keinen Geschmack annimmt.

4 Das Öl in einem Topf erhitzen und das Fleisch darin unter Rühren anbraten. Mit Gobo, Daikon, Möhre, Kartoffel, Pilzen und Konnyaku noch 1 Minute braten. Brühe und Wein dazugeben.

5 Bringen Sie die Suppe zum Kochen, schöpfen Sie den Schaum ab und kócheln Sie das Gemüse in 10 Minuten weich.

6 Füllen Sie ein wenig Suppe in eine Schale und lösen Sie die Misopaste darin auf. Gießen Sie die Mischung zurück in den Topf und kochen sie auf. Nicht länger kochen, da sonst der Geschmack verloren geht. Nehmen Sie den Topf vom Herd und füllen Sie die Suppe in Schalen. Mit Frühlingszwiebeln und Gewürz bestreuen und gleich servieren.

Tomaten-Rinder-Suppe

Für den vorzüglichen Geschmack sorgen Tomaten und Frühlingszwiebeln.

ZUTATEN

4 Portionen

75 g Lendensteak (Fett herausschneiden)
900 ml/3¼ Tassen Rinderbrühe
2 EL Tomatenmark
6 Tomaten, halbiert, entkern, geschnitten
2 TL Zucker
1 EL Stärkemehl
1 EL kaltes Wasser
1 Eiweiß
½ TL Sesamöl
2 Frühlingszwiebeln, fein geschnitten
Salz und schwarzer Pfeffer

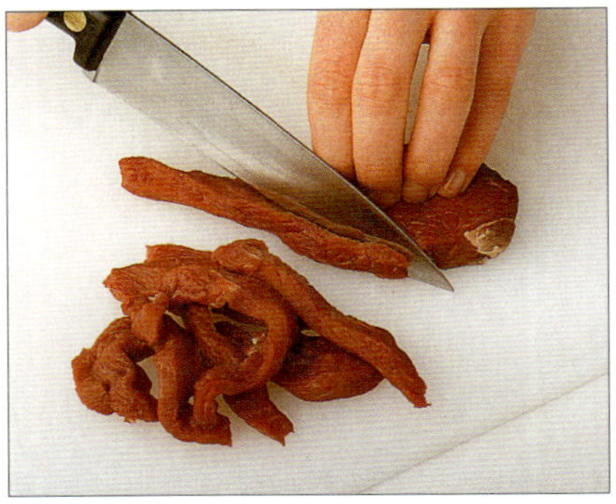

1 Schneiden Sie das Fleisch in dünne Scheiben, gießen Sie in einem Topf kochendes Wasser darüber und kochen Sie es 2 Minuten. Abgießen, beiseite stellen.

2 Kochen Sie die Brühe in einem Topf auf. Rühren Sie Tomatenmark und Zucker ein. Bringen Sie die Brühe mit dem Fleisch zum Kochen; dann herunterschalten und 2 Minuten köcheln.

3 Vermischen Sie Stärkemehl und Wasser zu einer Paste. Rühren Sie sie in die Suppe ein, bis sie dicker wird, aber nicht klumpt. Schlagen Sie das Eiweiß leicht in einer Tasse auf.

4 Gießen Sie das Eiweiß gleichmäßig unter Rühren in die Suppe. Wenn es die Farbe wechselt, würzen Sie und rühren Sie um. Füllen Sie die Suppe in vorgewärmte Teller und tröpfeln Sie etwas Sesamöl auf jede Portion. Mit Frühlingszwiebeln bestreuen und gleich servieren.

Rinderchilisuppe

Dieses herzhafte, traditionelle Chiligericht serviert man am besten mit frischem, knusprigen Brot als Vorspeise.

ZUTATEN

4 Portionen

1 EL Öl
1 Zwiebel, gehackt
175 g Rinderhackfleisch
2 Knoblauchzehen, zerdrückt
1 frische rote Chilischote, in Scheiben
25 g/¼ Tassen Mehl
400 ml Tomatenstücke aus der Dose oder frische gehackte Tomaten
600 ml/2½ Tassen Rinderbrühe
1⅓ Tasse Kidneybohnen aus der Dose
2 EL frische Petersilie, gehackt
Salz und schwarzer Pfeffer
knuspriges Brot zum Servieren

1 Erhitzen Sie das Öl in einem großen Topf und braten Sie darin die Zwiebel und das Hackfleisch an.

2 Mit Knoblauch, Chilischote und Mehl noch 1 Minute kochen. Geben Sie die Tomaten dazu und bringen sie mit der Brühe zum Kochen.

3 Rühren Sie die abgegossenen Kidneybohnen unter, würzen Sie und kochen noch 20 Minuten.

4 Geben Sie fast die ganze Petersilie hinzu, füllen Sie die Suppe in vorgewärmte Teller und streuen Sie die restliche Petersilie darüber. Dazu reichen Sie knuspriges Brot.

TIPP

Wenn Sie die Chilischote entkernen, wird die Suppe milder.

EINTÖPFE

V

Toskanische Bohnensuppe

Es gibt viele Varianten dieser herrlichen Suppe. Unsere enthält Cannellinibohnen, Lauch, Kohl und gutes Olivenöl – und schmeckt aufgewärmt sogar noch besser.

ZUTATEN

4 Portionen

3 EL Olivenöl extra vergine
1 Zwiebel, grob gehackt
2 Stangen Lauch, grob geschnitten
1 große Kartoffel, gewürfelt
2 Knoblauchzehen, zerdrückt
1,2 Liter Gemüsebrühe
400 g Cannellinibohnen aus der Dose, abgegossen (Flüssigkeit aufheben)
175 g/2 Tassen Wirsingkohl, zerkleinert
3 EL frische glatte Petersilie, gehackt
2 EL frisches Oregano, gehackt
3/4 Tasse Parmesanhobel
Salz und schwarzer Pfeffer

Für die Knoblauchtoasts

2–3 EL Olivenöl extra vergine
6 dicke Scheiben Weißbrot
1 Knoblauchzehe, geschält, zerstoßen

1 Erhitzen Sie das Öl in einem Topf und braten Sie Zwiebel, Lauch, Kartoffel und Knoblauch darin 4–5 Minuten an, bis sie langsam weich werden.

2 Geben Sie die Brühe und die Bohnenflüssigkeit hinzu. Bedeckt 15 Minuten köcheln.

3 Rühren Sie Bohnen, Kohl und die Hälfte der Kräuter ein, würzen Sie und kochen Sie noch 10 Minuten weiter. Pürieren Sie etwa ein Drittel der Suppe im Mixer glatt. Gießen Sie sie zurück in den Topf und schmecken Sie sie ab. Noch 5 Minuten durchwärmen.

4 Für die Knoblauchtoasts etwas Öl auf das Brot tröpfeln und von beiden Seiten mit Knoblauch einreiben. Toasten Sie es, bis es auf beiden Seiten braun ist. Füllen Sie die Suppe in Teller und bestreuen sie mit den restlichen Kräutern und den Parmesanhobeln. Tröpfeln Sie etwas Olivenöl darauf und reichen die heißen Toasts dazu.

Bauernsuppe

V

Diese deftige, einer Minestrone ähnliche Suppe wird hauptsächlich mit Wurzelgemüse gemacht; aber viele Kombinationen sind möglich.

ZUTATEN

4 Portionen

2 EL Olivenöl
1 Zwiebel, grob gehackt
3 Möhren, in große Stücke geschnitten
200 g/1 1/4 Tassen Rüben in großen Stücken
175 g/etwa 1 1/2 Tassen gelbe Kohlrübe, in große Stücke geschnitten
400 g Tomaten aus der Dose
1 EL Tomatenmark
1 TL italienisches Gewürz
1 TL getrockneter Oregano
50 g/1/2 Tasse getrocknete Paprika, in feine Scheiben geschnitten (nach Wunsch)
1,5 Liter Gemüsebrühe oder Wasser
1/2 Tasse kleine Makkaroni oder *Conchiglie*
400 g rote Kidneybohnen aus der Dose, abgegossen und gewaschen
2 EL frische glatte Petersilie, gehackt
Salz und schwarzer Pfeffer
geriebener Parmesankäse zum Servieren

1 Erhitzen Sie das Öl in einem Topf und braten Sie darin vorsichtig die Zwiebel weich. Geben Sie das Gemüse, die Tomaten, das Tomatenmark, das italienische Gewürz und eventuell die getrockneten Paprika hinzu. Salz und Pfeffer unterrühren.

2 Gießen Sie Brühe oder Wasser hinzu und kochen Sie alles auf. Umrühren, herunterschalten und 30 Minuten unter Rühren köcheln.

3 Kochen Sie die Suppe wieder mit der Pasta auf; dabei umrühren. Bei schwacher Hitze ohne Deckel etwa 5 Minuten *al dente* kochen. Rühren Sie während des Kochvorgangs häufig um.

4 Rühren Sie die Bohnen ein und wärmen sie 2–3 Minuten durch. Nehmen Sie den Topf vom Herd, rühren Sie die Petersilie ein und schmecken Sie ab. Heiß servieren; dazu den geriebenen Parmesan reichen.

TIPP

Getrocknete Paprikaschoten gibt es in vielen italienischen Lebensmittelgeschäften. Sie sind fest, pikant und fleischig; deshalb sind sie ideal, um Gemüsesuppen einen kräftig-herzhaften Touch zu geben.

V

Provençalische Gemüsesuppe

Diese Suppe verströmt das Aroma eines Sommers in der Provence. Pistou, das Basilikum-Knoblauch-Püree (Delikatessengeschäft oder selbst machen), verleiht ihr die appetitliche Farbe und den besonderen Geschmack.

ZUTATEN

6–8 Portionen

275 g/1½ Tassen frische, geschälte Favabohnen oder 175 g/¾ Tasse getrocknete Gartenbohnen, eingeweicht
½ TL getrocknete Kräuter der Provence
2 Knoblauchzehen, fein geschnitten
1 EL Olivenöl
1 Zwiebel, gehackt
1 große Lauchstange, fein geschnitten
1 Selleriestange, fein geschnitten
2 Möhren, fein gewürfelt
2 kleine Kartoffeln, fein gewürfelt
120 g schlanke grüne Bohnen
1,2 Liter Wasser
2 kleine Zucchini, fein gewürfelt
3 Tomaten, geschält, entkernt und fein gewürfelt
115 g/1 Tasse geschälte frische oder gefrorene Erbsen
eine Hand voll Spinatblätter in Streifen
Salz und schwarzer Pfeffer
frische Basilikumblätter

Für die Pistou

1 oder 2 Knoblauchzehen, gehackt
½ Tasse Basilikum (zusammengedrückt)
4 El geriebener Parmesankäse
4 EL Olivenöl extra vergine

1 Für die selbst gemachte Pistou pürieren Sie Knoblauch, Basilikum und Parmesan im Mixer glatt (kratzen Sie dabei einmal die Seiten ab). Geben Sie dabei langsam das Öl hinein. Sie können auch alles im Mörser zerdrücken und dann das Öl unterrühren.

2 Gießen Sie die getrockneten Bohnen ab und bedecken sie in einem Topf mit Wasser. Kochen Sie sie 10 Minuten sehr stark und gießen sie dann ab.

3 Geben Sie die vorgekochten bzw. frischen Bohnen mit den Kräutern der Provence und einer Knoblauchzehe in einen Topf, bedecken sie 2,5 cm mit Wasser und bringen sie zum Kochen. Herunterschalten und bei mittlerer Hitze zart köcheln (10 Minuten bei frischen, 1 Stunde bei getrockneten Bohnen); in der Flüssigkeit beiseite stellen.

4 Erhitzen Sie das Öl in einem Topf oder einer feuerfesten Kasserolle und braten Sie darin die Zwiebel und den Lauch etwa 5 Minuten an, bis sie weich werden; dabei ab und zu umrühren.

5 Braten Sie mit Sellerie, Möhren und dem restlichen Knoblauch bedeckt noch 10 Minuten weiter; dabei ab und zu umrühren.

6 Kartoffeln, grüne Bohnen und Wasser dazugeben, mit Salz und Pfeffer würzen und aufkochen. Schöpfen Sie dabei den Schaum ab. Herunterschalten und bedeckt 10 Minuten köcheln.

7 Köcheln Sie mit Zucchini, Tomaten, Erbsen und den Bohnen in ihrer Kochflüssigkeit noch 25–30 Minuten weiter. Geben Sie den Spinat hinein und kochen Sie noch 5 Minuten. Abschmecken und auf jede Portion einen Löffel Pistou geben. Mit Basilikum garnieren und gleich servieren.

TIPP

Sowohl die Pistou als auch die Suppe können 1 oder 2 Tage vorher zubereitet, gekühlt und dann aufgewärmt werden.

V

Kernige Bohnen-Gemüse-Suppe

Eine gehaltvolle Suppe, ähnlich einer Minestrone, mit vielen Gemüsesorten und Cannellinibohnen für zusätzliche Ballaststoffe und Eiweiß. Mit Vollkornbrot servieren.

ZUTATEN

4 Portionen

2 EL Olivenöl
2 Selleriestangen, geschnitten
2 Lauchstangen, geschnitten
3 Möhren, in Scheiben geschnitten
2 Knoblauchzehen, zerdrückt
400 g Basilikumtomaten aus der Dose
1,2 Liter Gemüsebrühe
400 g Cannellinibohnen aus der Dose (oder gemischte Hülsenfrüchte)
1 EL Pesto
Salz und schwarzer Pfeffer
Parmesanhobeln zum Servieren

1 Erhitzen Sie das Öl in einem Topf und braten Sie darin Sellerie, Lauch, Möhren und Knoblauch etwa 5 Minuten an, bis sie weich sind.

2 Rühren Sie die Tomaten und die Brühe ein und bringen sie zum Kochen. Bei schwacher Hitze zugedeckt 15 Minuten garen.

3 Bohnen und Pesto unterrühren und mit Salz und Pfeffer würzen. Noch 5 Minuten durchwärmen. In vorgewärmten Tellern mit Parmesanhobeln servieren.

TIPP

Das Gemüse kann variiert und ergänzt werden. Zucchinischeiben etwa oder klein geschnittener Kohl, jeweils kurz vor Schluss dazugegeben, passen ausgezeichnet zu der Suppe. Oder Sie kochen kleine Vollkornnudeln mit; sie brauchen etwa 10–15 Minuten, deshalb sollten Sie sie gleichzeitig mit den Tomaten einrühren.

Karibische Gemüsesuppe

V

Diese Gemüsesuppe ist erfrischend und sättigend. Sie eignet sich hervorragend als Mittagsgericht.

ZUTATEN

4 Portionen

2 EL Butter oder Margarine
1 Zwiebel, gehackt
1 Knoblauchzehe, zerdrückt
2 Möhren, in Scheiben geschnitten
1,5 Liter Gemüsebrühe
2 Lorbeerblätter
2 frische Thymianzweige
1 Stange Sellerie, fein geschnitten
2 Kochbananen, geschält und in vier Stücke geschnitten
175 g/1 1/4 Tassen Süßkartoffeln, geschält und gewürfelt
2 EL rote Linsen
1 Chayote, geschält und klein geschnitten
2 EL Makkaroni (nach Wunsch)
Salz und schwarzer Pfeffer
Frühlingszwiebeln, geschnitten, zum Garnieren

1 Zerlassen Sie die Butter oder Margarine. Braten Sie Zwiebel, Knoblauch und Möhren darin an, bis sie langsam weich werden. Geben Sie die Brühe mit den Lorbeerblättern und dem Thymian dazu und bringen Sie sie zum Kochen.

2 Geben Sie Sellerie, Kochbananen, Süßkartoffel, Linsen, Chayote und evtl. Makkaroni hinein und köcheln Sie 25 Minuten, oder bis das Gemüse gar ist. Garnieren Sie die Suppe mit klein geschnittenen Frühlingszwiebeln.

TIPP

Die Süßkartoffel kann durch anderes Wurzelgemüse oder Kartoffeln ersetzt werden. Mit mehr Brühe wird die Suppe dünner.

V

Kernige Nudelsuppe

Zu dieser herzhaften Suppe passen leckere Croutons mit Pesto.

ZUTATEN

4 Portionen

115 g/½ Tasse getrocknete Bohnen (rote Kidney- und Gartenbohnen), über Nacht eingeweicht
1,2 Liter Wasser
1 EL Öl
1 Zwiebel, gehackt
2 Selleriestangen, fein geschnitten
2 oder 3 Knoblauchzehen, zerdrückt
2 Stangen Lauch, fein geschnitten
1 vegetarischer Brühwürfel
400 g Pimientos aus der Dose oder aus dem Glas (milde Paprika)
3–4 EL Tomatenmark
1 Tasse Nudeln
4 Scheiben Baguettebrot
1 EL Pesto
1 Tasse Babymaiskolben, halbiert
je ½ Tasse Brokkoli- und Blumenkohlröschen
ein paar Tropfen Tabasco
Salz und schwarzer Pfeffer

1 Kochen Sie die Bohnen in einem Topf mit Wasser auf und köcheln Sie sie bei schwacher Hitze in etwa 1 Stunde zart.

2 Wenn die Bohnen fast fertig sind, erhitzen Sie das Öl in einem Topf und braten Sie das Gemüse 2 Minuten. Den Brühwürfel und die Bohnen mit etwa 2½ Tassen ihrer Flüssigkeit hineingeben. Bedeckt 10 Minuten köcheln.

3 Pürieren Sie die Pimientos mit ein wenig von ihrer Flüssigkeit, rühren Sie das Tomatenmark und die Pasta ein und kochen Sie 15 Minuten. Den Ofen auf 200° C (Gas: Stufe 6) vorheizen.

4 Bestreichen Sie die Baguettescheiben mit Pesto und backen sie 10 Minuten im Ofen, oder bis sie knusprig sind.

5 Wenn die Pasta fast fertig ist, geben Sie Mais, Brokkoli und Blumenkohl sowie Tabasco und Gewürz hinzu und wärmen Sie alles 2–3 Minuten durch. Heiß mit den Pestocroutons servieren.

Japanische Tofusuppe

V

In Asialäden erhalten Sie Gobo (Klettenwurzel). Konnyaku ist in rechteckigen Platten oder frisch in Fässern erhältlich.

ZUTATEN

4 Portionen

150 g frischer, fester Tofu, ohne Wasser gewogen
2 getrocknete Shiitake-Pilze
50 g *Gobo*
1 TL Reisessig
120 g schwarze oder weiße Konnyaku
2 EL Sesamöl
115 g/¾ Tasse Daikon, fein geschnitten
50 g/½ Tasse Möhren, fein geschnitten
750 ml/3 Tassen Kombu- und Bonito-Brühe oder Dashi
eine Prise Salz
2 EL Reiswein oder trockener Weißwein
1½ TL Mirin
3 EL weiße oder rote Misopaste
ein Spritzer Sojasoße
6 Zuckerschoten, geschnitten, gekocht und längs geschnitten, zum Garnieren

1 Zerbröckeln Sie den Tofu, bis er wie Rührei ist. Nicht zu fein zerdrücken.

2 Wickeln Sie den Tofu in ein Geschirrhandtuch ein und drücken Sie ihn in ein Sieb. Gießen Sie viel kochendes Wasser darüber; gründlich ablaufen lassen.

3 Weichen Sie die getrockneten Shiitake-Pilze 20 Minuten in lauwarmem Wasser ein und gießen sie ab. Schneiden Sie die Stängel ab und die Köpfe klein.

4 Schrubben Sie mit einer Gemüsebürste die Haut von der Klettenwurzel und schneiden sie in dünne Scheiben. Weichen Sie sie 5 Minuten in kaltem Wasser mit Essig ein; dann abgießen.

5 Bedecken Sie die Konnyaku in einem Topf mit Wasser. Zum Kochen bringen, abgießen und abkühlen lassen. Reißen Sie sie in 2 cm große Stücke (kein Messer nehmen, da glatte Flächen keinen Geschmack annehmen).

6 Erhitzen Sie das Sesamöl in einem Topf, geben Sie Shiitake-Pilze, Daikon, Gobo, Möhren und Konnyaku hinein und braten sie 1 Minute. Rühren Sie den Tofu ein.

7 Geben Sie Brühe, Salz, Wein und Mirin hinein. Aufkochen, den Schaum abschöpfen und 5 Minuten köcheln.

8 Lösen Sie die Misopaste in etwas Suppe auf und geben Sie sie in den Topf. Köcheln Sie die Suppe 10 Minuten, bis das Gemüse zart ist. Geben Sie die Sojasoße hinein und nehmen Sie den Topf vom Herd. Servieren Sie die Suppe in vier Schalen, mit den Zuckerschoten garniert.

V

Genuesische Minestrone

In Genua wird bei der Minestrone zum Schluss oft Pesto eingerührt. Sie enthält viel Gemüse und hat einen nahezu berauschendes Aroma. Mit Brot serviert, ist sie eine vegetarische Abendmahlzeit. In Pesto ist Parmesan bereits enthalten, deshalb muss keiner zusätzlich zur Suppe gereicht werden.

ZUTATEN

4–6 Portionen

3 El Olivenöl
1 Zwiebel, gehackt
2 Selleriestangen, gehackt
1 große Möhre, fein geschnitten
150 g schlanke grüne Bohnen, in 5 cm lange Stücke geschnitten
1 Zucchini, fein geschnitten
1 Kartoffel, in 1 cm großen Stücken
1/4 Wirsingkohl, zerkleinert
1 kleine Aubergine, in 1 cm großen Würfeln
200 g Cannellinibohnen aus der Dose, abgegossen und gewaschen
2 Romatomaten, geschnitten
1 1/4 Liter Gemüsebrühe
100 g Spaghettini oder Vermicelli
Salz und schwarzer Pfeffer

Für das Pesto

etwa 20 frische Basilikumblätter
1 Knoblauchzehe
2 TL Pinienkerne
1 EL frisch geriebener Parmesan
1 EL frisch geriebener Pecorino
2 EL Olivenöl

1 Erhitzen Sie das Öl in einem Topf und braten Sie Zwiebel, Sellerie und Möhre darin etwa 5–7 Minuten unter Rühren an.

2 Rühren Sie grüne Bohnen, Zucchini, Kartoffel und Wirsingkohl ein und braten sie bei mittlerer Hitze etwa 3 Minuten. Geben Sie Aubergine, Cannellinibohnen und Tomaten hinzu und braten noch 2–3 Minuten.

3 Gießen Sie die Brühe mit Salz und Pfeffer hinein und bringen sie zum Kochen. Umrühren, zudecken und 40 Minuten bei schwacher Hitze garen.

4 Pürieren Sie die Zutaten für das Pesto im Mixer glatt; wenn die Soße zu dick wird, können Sie sie mit 1–3 Esslöffeln Wasser verdünnen.

5 Brechen Sie die Pasta in kleine Stücke und geben sie in die Suppe. Köcheln Sie sie unter Rühren in etwa 5 Minuten *al dente*. Schmecken Sie die Suppe ab und servieren Sie heiß, in vorgewärmten Tellern.

Sommer-Minestrone

V

Diese farbenfrohe, frische Suppe bringt viel köstliches Sommergemüse auf den Tisch.

ZUTATEN

4 Portionen

3 EL Olivenöl

1 große Zwiebel, gehackt

1 EL Tomatenmark

450 g/3 Tassen Tomaten, geschält und klein geschnitten

225 g/1½ Tassen grüne Zucchini, geputzt und grob geschnitten

225 g/1½ Tassen gelbe Zucchini, geputzt und grob geschnitten

3 wachsweiche junge Kartoffeln, gewürfelt

2 Knoblauchzehen, zerdrückt

etwa 1,2 Liter Gemüsebrühe oder Wasser

4 EL frisches Basilikum, zerkleinert

⅔ Tasse geriebener Parmesan

Salz und schwarzer Pfeffer

1 Erhitzen Sie das Öl in einem Topf und braten Sie die Zwiebel darin unter Rühren an, bis sie weich ist.

2 Rühren Sie Tomatenmark, Tomaten, Zucchini, Kartoffeln und Knoblauch ein und braten Sie das Ganze 10 Minuten ohne Deckel. Rütteln Sie das Gemüse ab und zu auf.

3 Geben Sie Brühe bzw. Wasser hinzu und bringen sie zum Kochen. Köcheln Sie sie teilweise bedeckt 15 Minuten, oder bis das Gemüse zart ist. Wenn nötig, mit Brühe verdünnen.

4 Nehmen Sie den Topf vom Herd und rühren Sie Basilikum und die Hälfte vom Käse ein. Abschmecken und jede Portion mit dem übrigen Käse garnieren.

Laksa mit Meeresfrüchten

Reisnudeln in einer würzigen Suppe mit Kokosaroma, abgerundet mit Meeresfrüchten, ergeben eine köstliche Mahlzeit. Die Garnelenpaste bekommen Sie in Asialäden.

ZUTATEN

4 Portionen

- 4 frische rote Chilischoten, entkernt und grob gehackt
- 1 Zwiebel, grob gehackt
- 1 Stück Garrnelenpaste, etwa in der Größe eines Brühwürfels
- 1 Zitronengrasstängel, gehackt
- 1 kleines Stück frische Ingwerwurzel, geschält und grob geschnitten
- 6 Makadamianüsse oder Mandeln
- 4 EL Pflanzenöl
- 1 TL Paprikapulver
- 1 TL gemahlenes Kurkuma
- 500 ml/2 Tassen Fischbrühe
- 600 ml/2½ Tassen Kokosmilch
- ein Spritzer Fischsoße zum Abschmecken
- 12 große Garnelen, geschält und ausgenommen
- 8 Kammmuscheln
- 225 g Tintenfischringe
- 350 g Reisnudeln, in warmem Wasser eingeweicht
- Salz und schwarzer Pfeffer
- halbe Limonen, zum Servieren

Für die Garnitur

- ¼ Gurke, in Stifte geraspelt
- 2 frische rote Chilischoten, entkernt und gehackt
- 2 EL Minzeblätter
- 2 EL Zwiebeln oder Frühlingszwiebeln, gebraten

1 Pürieren Sie Chilis, Zwiebel, Garnelenpaste, Zitronengras, Ingwer und Nüsse im Mixer glatt.

2 Erhitzen Sie 3 Esslöffel Öl in einem Topf und braten Sie die Chilipaste darin 6 Minuten. Rühren Sie Paprika und Kurkuma ein und braten Sie noch 2 Minuten.

3 Geben Sie Brühe und Kokosmilch hinzu und bringen sie zum Kochen. Bei schwacher Hitze 15–20 Minuten garen. Mit Fischsoße würzen.

4 Würzen Sie die Meeresfrüchte mit Salz und Pfeffer und braten sie 2–3 Minuten in dem restlichen Öl gar.

5 Geben Sie die Nudeln in die Suppe und wärmen sie durch. Verteilen Sie sie gleichmäßig auf die einzelnen Schalen. Geben Sie die Meeresfrüchte auf die Suppe und garnieren sie mit Gurkenstiften, Chilis, Minze und gebratenen Zwiebeln bzw. Frühlingszwiebeln. Reichen Sie dazu die Limonenhälften zum Auspressen.

Muschelsuppe mit Pasta

Diese Suppe ist eine Variation von Spaghetti alla Vongole *und erfordert lediglich Standardzutaten. Reichen Sie dazu warmes Focaccia oder Ciabatta.*

ZUTATEN

4 Portionen

2 EL Olivenöl
1 große Zwiebel, gehackt
2 Knoblauchzehen, zerdrückt
400 g passierte Tomaten aus der Dose
1 EL Tomatenmark (sonnengetrocknet)
1 TL Zucker
1 TL italienisches Gewürz
750 ml/etwa 3 Tassen Fisch- oder Gemüsebrühe
150 ml/$^{2}/_{3}$ Tasse Rotwein
50 g/$^{1}/_{2}$ Tasse kleine Nudeln
ein 150 g-Glas Miesmuscheln im Saft
2 EL gehackte, frische, glatte Petersilie, dazu ein paar ganze Blätter zum Garnieren
Salz und schwarzer Pfeffer

1 Erhitzen Sie das Öl in einem Topf und braten Sie die Zwiebel darin unter Rühren weich.

2 Geben Sie Knoblauch, Tomaten, Tomatenmark, Zucker, Gewürz, Brühe, Wein, Salz und Pfeffer hinzu und kochen Sie die Suppe auf. Bei niedriger Temperatur halb bedeckt etwa 10 Minuten köcheln, dabei ab und zu umrühren.

3 Köcheln Sie mit der Pasta noch etwa 10 Minuten weiter, oder bis die Pasta *al dente* sind. Rühren Sie gelegentlich um, damit die Nudeln nicht zusammenkleben.

4 Geben Sie die Muscheln und den Saft hinein und wärmen sie 3–4 Minuten durch. Sie können auch noch mehr Brühe dazugeben. Die Suppe darf nicht kochen, sonst werden die Muscheln zäh. Vom Herd nehmen, die Petersilie unterrühren und abschmecken. Mit Pfeffer und Petersilieblättern garnieren.

Kreolische Garnelensuppe

Garnelen verbinden sich mit frischem Gemüse und Cayennepfeffer zu einer schmackhaften Suppe.

ZUTATEN

4 Portionen

650 g rohe Garnelen in Schalen, möglichst mit Köpfen
2 Tassen Wasser
3 EL Oliven- oder anderes Pflanzenöl
1½ Zwiebeln, gehackt
75 g/½ Tasse Sellerie, klein geschnitten
75 g/½ grüne Paprika, klein geschnitten
25 g/½ Tasse frische Petersilie, gehackt
1 Knoblauchzehe, zerdrückt
1 EL Worcestersoße
¼ TL Cayennepfeffer
120 ml/½ Tasse trockener Weißwein
50 g/½ Tasse Tomaten, geschält, geschnitten
1 TL Salz
1 Lorbeerblatt
1 TL Zucker
frische Petersilie zum Garnieren
gekochter Reis zum Servieren

1 Schälen Sie die Garnelen und nehmen sie aus; Köpfe und Schalen aufbewahren. Legen Sie sie verschlossen in den Kühlschrank, während Sie die Soße machen.

2 Die Köpfe und Schalen mit dem Wasser aufkochen und 15 Minuten bei schwacher Hitze köcheln. Abseihen und 350 ml der Brühe zurückhalten.

3 Erhitzen Sie das Öl in einem Topf und braten Sie die Zwiebeln darin 8–10 Minuten weich. Mit Sellerie und grüner Paprika noch 5 Minuten braten, dann Petersilie, Knoblauch, Worcestersoße und Cayennepfeffer unterrühren und weitere 5 Minuten kochen.

4 Bei mittlerer Temperatur den Wein unterrühren und 3–4 Minuten köcheln. Mit Tomaten, der restlichen Garnelenbrühe, Salz, Lorbeerblatt und Zucker zum Kochen bringen. Umrühren und noch 30 Minuten köcheln, bis die Tomaten auseinanderfallen und die Soße reduziert ist. Nehmen Sie sie vom Herd und lassen sie leicht abkühlen.

5 Fischen Sie das Lorbeerblatt heraus und pürieren Sie die Suppe im Mixer glatt. Schmecken Sie anschließend ab.

6 Geben Sie das Püree zurück in den Topf und bringen Sie es zum Kochen. Herunterschalten, die Garnelen dazugeben und 4–5 Minuten kochen, bis sie rosa werden. Garnieren Sie jede Portion mit Petersilie. Mit Reis servieren.

Cremige Fischsuppe

Diese traditionelle Suppe kommt immer gut an, ob mit Milch oder – noch üppiger – mit einer großzügigen Portion Sahne zubereitet.

ZUTATEN

4 Portionen

3 dicke Scheiben Speck
1 große Zwiebel, gehackt
650 g Kartoffeln, gewürfelt
1 Liter Fischbrühe
450 g Schellfisch ohne Haut, in Würfel geschnitten
2 EL frische Petersilie, gehackt
1 EL frischer Schnittlauch, gehackt
300 ml/1¼ Tasse Schlagsahne oder Vollmilch
Salz und gemahlener schwarzer Pfeffer

1 Entfernen Sie die Rinde vom Speck und schneiden ihn klein. Hacken Sie die Zwiebel und schneiden Sie die Kartoffeln in Würfel.

2 Braten Sie den Speck, bis das Fett austritt. Braten Sie dann die Zwiebel und Kartoffeln bei schwacher Hitze, ohne sie braun werden zu lassen, ca. 10 Minuten. Würzen Sie.

3 Gießen Sie überschüssiges Fett aus dem Topf. Geben Sie die Fischbrühe hinein, kochen sie auf und köcheln sie 15–20 Minuten, bis das Gemüse zart ist.

4 Rühren Sie die Fischwürfel, Petersilie und Schnittlauch ein. Köcheln Sie 3–4 Minuten, bis der Fisch gar ist.

5 Rühren Sie die Sahne oder Milch ein und erwärmen Sie die Suppe wieder, ohne sie zu kochen. Schmecken Sie ab und servieren Sie.

VARIATION

Diese Suppe kann man aucn mit Dorschfilet zubereiten. Räucherfisch gibt ihr einen noch intensiveren Geschmack.

Bouillabaisse

Das Rezept für die berühmte Mittelmeersuppe stammt aus Marseille. Die reichhaltige und farbenfrohe Mischung aus Fisch und Schalentieren erhält ihr unwiderstehliches Arom auch durch Tomaten, Safran, Orange und Anislikör.

ZUTATEN

4–6 Portionen

1,5 kg gemischter Fisch und rohe Schalentiere, z. B. Seebarbe, Hering, Engelbarsch (Red Snapper), Weißfisch jeglicher Art, rohe Riesengarnelen oder verschiedene Muscheln
225 g Tomaten
einige Safranfäden
6 EL Olivenöl
1 Zwiebel, gehackt
1 Stange Lauch, klein geschnitten
1 Stange Sellerie, in Scheiben geschnitten
2 Knoblauchzehen, zerdrückt
1 Bund Suppengrün
1 Streifen Orangenschale
½ TL Fenchelsamen
1 EL Tomatenmark
2 TL Anislikör
Salz und schwarzer Pfeffer
4–6 dicke Scheiben Baguette und 3 EL frische, gehackte Petersilie zum Servieren

TIPP

Safran stammt von einer Krokusblüte, die mit der Hand geerntet und daher sehr teuer sind – es ist nach wie vor das teuerste Gewürz der Welt. Sein Geschmack ist jedoch einzigartig und kann durch nichts ersetzt werden. Traditioneller Bouillabaisse verleiht Safran ein unverwechselbares Aroma, weshalb man ihn keinesfalls weglassen sollte.

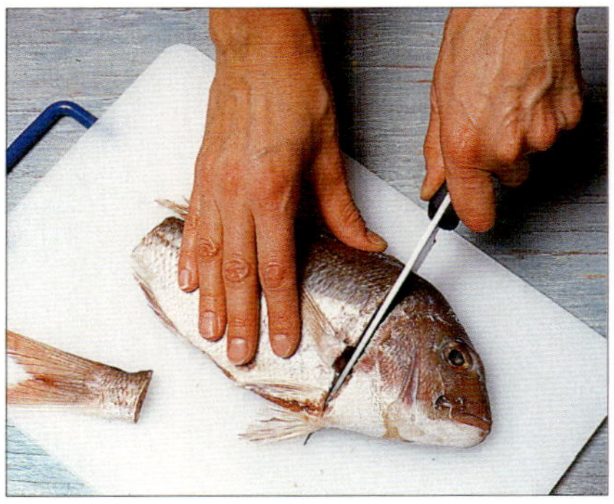

1 Entfernen Sie Köpfe, Flossen und Schwänze der Fische und stellen sie beiseite. Kochen Sie den Fischabfall mit 1,2 Liter Wasser auf und köcheln ihn 15 Minuten. Seihen Sie die Brühe ab. Schneiden Sie das Fischfleisch in Stücke.

2 Lassen Sie die Schalentiere in der Schale. Die Tomaten überbrühen, abgießen und abschrecken; dann schälen und schneiden. Den Safran in 1–2 Esslöffeln heißem Wasser einweichen.

3 Erhitzen Sie das Öl in einem Topf und braten Zwiebel, Lauch und Sellerie weich. Geben Sie Knoblauch, Suppengrün, Orangenschale, Fenchelsamen und Tomaten hinein. Dann den Safran mit dem Wasser und die Fischbrühe dazugeben. Salzen, pfeffern und aufkochen. Herunterschalten und 30–40 Minuten köcheln.

4 Kochen Sie die Schalentiere noch etwa 6 Minuten, den übrigen Fisch weitere 6–8 Minuten, bis er zerfällt.

5 Legen Sie den Fisch auf einen warmen Teller. Die Flüssigkeit soll weiter kochen, so dass das Öl mit der Brühe verbunden bleibt. Tomatenmark und Anislikör dazugeben und abschmecken.

6 Füllen Sie die Suppe in vorgewärmte Teller und streuen Sie die gehackte Petersilie darauf. Dazu Baguette reichen.

Provençalische Fischsuppe mit Pasta

Diese bunte Suppe verströmt den Duft des Mittelmeers. Servieren Sie sie als Hauptgericht.

ZUTATEN

4 Portionen

2 EL Olivenöl
1 Zwiebel, gehackt
1 Knoblauchzehe, zerdrückt
1 Stange Lauch, klein geschnitten
1 Liter Wasser
225 g Tomaten aus der Dose
einige südländischer Kräuter nach Wahl
¼ TL Safranfäden
115 g/1 Tasse kleine Nudeln
etwa 8 Miesmuscheln in der Schale
450 g weißer Fisch, etwa Dorsch, Flunder oder Barsch, gehäutet und filetiert
Salz und schwarzer Pfeffer

Für die Rouille (Gewürzmayonnaise)

2 Knoblauchzehen, zerdrückt
1 eingelegte Pfefferschote, abgetropft und klein geschnitten
1 EL frische Weißbrotkrumen
4 EL Mayonnaise
getoastetes Baguette zum Servieren

1 Erhitzen Sie das Öl in einem Topf und braten Sie Zwiebel, Knoblauch und Lauch bedeckt 5 Minuten an, bis sie weich sind. Ab und zu umrühren.

2 Geben Sie Wasser, Tomaten, Kräuter, Safran und Nudeln hinein und kochen Sie das Ganze 15–20 Minuten.

3 Putzen Sie die Muscheln und ziehen Sie die Bärte ab. Nehmen Sie nur die Muscheln, die sich bei Berührung schließen.

4 Den Fisch klein schneiden und 5–10 Minuten in der Suppe köcheln (die Muscheln obenauf). Die Muscheln, die sich nicht geöffnet haben, wegwerfen.

5 Für die *Rouille* zerstoßen Sie Knoblauch, Pfefferschote und Brotkrumen mit dem Mörser oder mit der Küchenmaschine. Rühren Sie die Mayonnaise ein und würzen Sie gut.

6 Bestreichen Sie die Baguettes mit der Rouille und reichen sie zur Suppe.

Seemannssuppe

Speck und Fisch passen hier ausgezeichnet zusammen.

ZUTATEN

4 Portionen

6 Scheiben Speck, in Streifen geschnitten
1 EL Butter
1 große Zwiebel, gehackt
1 Knoblauchzehe, gehackt
2 EL frische Petersilie, gehackt
1 TL frische Thymianblätter oder ½ TL getrockneter Thymian
500 g/3 Tassen Tomaten, geschält, entkernt und klein geschnitten
150 ml/⅔ Tasse trockener Wermut oder Weißwein
450 ml/2 Tassen Fischbrühe
300 g/2 Tassen Kartoffeln, gewürfelt
700–900 g weiße Fischfilets ohne Haut, in große Stücke geschnitten
Salz und schwarzer Pfeffer
frische glatte Petersilie zum Garnieren

1 Braten Sie den Speck in einem Topf bei mittlerer Hitze leicht braun, aber nicht knusprig. Nehmen Sie ihn aus dem Topf und tupfen Sie ihn mit Küchenpapier trocken.

2 Zerlasssen Sie die Butter in dem Topf und braten Sie die Zwiebel darin an. Geben Sie den Knoblauch und die Kräuter hinzu und braten noch 1 Minute unter Rühren. Geben Sie Tomaten, Wein und Brühe dazu und bringen alles wieder zum Kochen.

3 Köcheln Sie den Eintopf bedeckt 15 Minuten. Geben Sie die Tomaten hinein und köcheln sie bedeckt in 10–12 Minuten fast zart.

TIPP

Im Winter, wenn die Tomaten nicht so aromatisch sind, können Sie auch Tomaten aus der Dose nehmen. Die Fischsuppe schmeckt dann immer noch köstlich.

4 Geben Sie den Fisch und den Speck hinein und köcheln Sie ohne Deckel noch 5 Minuten weiter, oder bis der Fisch gar und die Kartoffeln zart sind. Schmecken Sie die Suppe ab und garnieren Sie mit Petersilie. Gleich servieren.

Maissuppe mit Conchigliette

Aus Maiskörnern mit Putenschinken wird dieser sättigende Eintopf gemacht – wie geschaffen für eine hungrige Familie oder für Gäste.

ZUTATEN

6–8 Portionen

1 kleine grüne Paprikaschote
450 g Kartoffeln, gewürfelt
350 g/2 Tassen Mais, aus der Dose oder gefroren
1 Zwiebel, gehackt
1 Stange Sellerie, klein geschnitten
1 Bund Suppengrün
600 ml/2½ Tassen Hühnerbrühe
300 ml/1¼ Tassen fettarme Milch
50 g/½ Tasse *Conchigliette (Nudeln)*
Bratöl
150 g Putenschinken, gewürfelt
Salz und schwarzer Pfeffer
Knabberstangen, zum Servieren

1 Entkernen und würfeln Sie die Paprika. Bedecken Sie sie mit kochendem Wasser und lassen sie 2 Minuten stehen; abgießen.

2 Geben Sie die Kartoffeln mit Mais, Zwiebel, Sellerie, Paprika, Suppengrün und Brühe in einen Topf und kochen Sie alles auf. Herunterschalten und bedeckt 20 Minuten köcheln, oder bis alle Zutaten zart sind.

3 Geben Sie Milch, Salz und Pfeffer hinzu und pürieren Sie die Hälfte der Suppe im Mixer; geben Sie sie dann mit der Pasta zurück in den Topf. Kochen Sie die Nudeln etwa 10 Minuten *al dente*.

4 Erhitzen Sie das Öl in einer Pfanne und braten Sie darin den Putenschinken an. Rühren Sie ihn in die Suppe und reichen Sie dazu die Knabberstangen.

Thailändische Hühner-Nudel-Suppe

In dieser Suppe entfalten sich die typisch thailändischen Aromen von Knoblauch, Kokosnusss, Zitrone, Erdnussbutter, Koriander und Chili.

ZUTATEN

4 Portionen

1 EL Pflanzenöl
1 Knoblauchzehe, gehackt
2 Hühnerbrüste ohne Haut und Knochen, halbiert, etwa 200 g, klein geschnitten
$^1/_2$ TL Kurkuma
$^1/_4$ TL Cayennepfeffer
75 g/$^1/_2$ Tasse geraspelte Kokoscreme oder Kokosmilch
900 ml/3$^3/_4$ Tassen heiße Hühnerbrühe
2 EL Zitronen- oder Limonensaft
2 EL Erdnussbutter
1 Tasse lange Eiernudeln, in kleine Stücke gebrochen
1 EL Frühlingszwiebeln, klein geschnitten
1 EL frischer Koriander, gehackt
Salz und schwarzer Pfeffer
geraspelte Kokosnuss und gehackte rote Chilischote, zum Garnieren

1 Erhitzen Sie das Öl in einem Topf und braten Sie den Knoblauch darin an. Geben Sie das Fleisch und die Gewürze hinein und braten Sie 3–4 Minuten.

2 Streuen Sie die geraspelte Kokoscreme oder die Kokosmilch in die heiße Brühe, bis sie sich auflöst. Gießen Sie die Brühe auf das Fleisch und geben Sie Saft, Erdnussbutter und Nudeln hinzu.

3 Köcheln Sie die Suppe bedeckt 15 Minuten. Geben Sie Frühlingszwiebeln, Koriander, Salz und Pfeffer hinzu und köcheln Sie noch 5 Minuten.

4 Erhitzen Sie Kokosnuss und Chilistücke 2–3 Minuten unter Rühren in einer Pfanne, bis die Kokosnuss hellbraun ist.

5 Füllen Sie die Suppe in Teller und streuen Sie die gebratene Kokosnuss und die Chilistückchen darüber. Gleich servieren.

Tomaten-Hühner-Suppe mit Chayote

Chayote ist eine kürbisartige Frucht mit einem großen Kern in der Mitte. Sie ist in der lateinamerikanischen Küche weit verbreitet.

ZUTATEN

4 Portionen

225 g Hühnerbrust ohne Haut und Knochen
1 Knoblauchzehe,zerdrückt
eine Prise frisch gemahlener Muskat
2 EL Butter oder Margarine
½ Zwiebel, gehackt
1 EL Tomatenmark
400 g passierte Tomaten aus der Dose
1,2 Liter Hühnerbrühe
1 frische Chilischote, entkernt und gehackt
350 g Chayote, geschält und gewürfelt
1 TL getrockneter Oregano
½ TL getrockneter Thymian
50 g geräuchertes Fischfilet, gehäutet und gewürfelt
Salz und schwarzer Pfeffer
frischer Schnittlauch, gehackt

1 Würfeln Sie die Hühnerbrust und geben sie mit Salz, Pfeffer, Knoblauch und Muskat in eine Schüssel. Umrühren und 30 Minuten beiseite stellen.

2 Zerlassen Sie die Butter oder Margarine in einem Topf und sautieren Sie darin das Hühnerfleisch 5–6 Minuten bei mittlerer Hitze. Rühren Sie die Zwiebel ein und braten Sie noch 5 Minuten, oder bis die Zwiebel weich ist.

3 Geben Sie Tomatenmark, passierte Tomaten, Brühe, Chilischote, Chayote und Kräuter hinzu und bringen Sie alles zum Kochen. Bedeckt 35 Minuten köcheln.

4 Köcheln Sie noch 5 Minuten mit dem Räucherfischfilet. Schmecken Sie ab und füllen Sie die Suppe in Teller. Garnieren Sie mit gehacktem Schnittlauch und servieren Sie die Suppe heiß.

Dicke Hühnersuppe

Diese Hühner-Gemüse-Suppe wird am besten mit gebratenen Knoblauch-Croutons serviert.

ZUTATEN

4 Portionen

4 Hühnerschenkel ohne Haut und Knochen
1 EL Butter
2 kleine Lauchstangen, in Scheiben
2 EL Langkornreis
900 ml/3¾ Tassen Hühnerbrühe
1 EL frische Petersilie und Minze, gehackt
Salz und schwarzer Pfeffer

Für die Knoblauchcroutons

2 EL Olivenöl
1 Knoblauchzehe, zerdrückt
4 Scheiben Brot, gewürfelt

1 Würfeln Sie die Hühnerschenkel und zerlassen Sie die Butter in einem Topf. Braten Sie darin den Lauch an. Mit Reis und Huhn noch 2 Minuten weiterbraten.

2 Geben Sie die Brühe hinein und köcheln Sie den Reis in 15–20 Minuten zart.

3 Für die Croutons erhitzen Sie das Öl in einer Pfanne. Geben Sie Knoblauch und Brot und braten Sie so lange, bis das Brot goldbraun ist. Rühren Sie dabei immer um, damit nichts anbrennt. Mit Küchenpapier trocken tupfen und mit Salz bestreuen.

4 Geben Sie die Petersilie und Minze zur Suppe und schmecken Sie ab. Reichen Sie dazu die Knoblauchcroutons.

Nudeln in Suppe (Tang Mein)

*In China sind Nudeln in Suppe (*Tang Mein*) viel beliebter als gebratene Nudeln (*Chow Mein*). Das Grundrezept können Sie Ihrem Geschmack anpassen, indem Sie die Zutaten variieren.*

INGREDIENTS

4 Portionen

- **225 g Hühnerbrust, Schweinelende oder anderes gekochtes Fleisch**
- **3 oder 4 Shiitake-Pilze, eingeweicht**
- **120 g Bambussprossen aus der Dose, abgegossen**
- **120 g Spinat-, Salat- oder Napakohlblätter**
- **2 Frühlingszwiebeln**
- **350 g Eiernudeln**
- **600 ml/$2\frac{1}{2}$ Tassen Brühe**
- **2 EL Pflanzenöl**
- **1 TL Salz**
- **$\frac{1}{2}$ TL brauner Zucker**
- **1 EL leichte Sojasoße**
- **2 TL chinesischer Reiswein oder trockener Sherry**
- **ein paar Tropfen Sesamöl**
- **rote Chilisoße, zum Servieren**

1 Zerkleinern Sie das Fleisch. Pressen Sie die Pilze aus und sortieren Sie harte Stängel aus. Schneiden Sie die Pilze, die Bambussprossen, das grüne Gemüse und die Frühlingszwiebeln klein.

2 Kochen Sie die Nudeln in kochendem Wasser. Gießen Sie sie ab und lassen Sie kaltes Wasser darüberlaufen. Füllen Sie sie in eine Schüssel.

3 Kochen Sie die Brühe auf und gießen sie über die Nudeln; beiseite stellen und warm halten.

4 Erhitzen Sie das Öl in einem heißen Wok, geben Sie etwa die Hälfte der Frühlingszwiebeln hinzu und braten sie 1 Minute.

5 Geben Sie Pilze, Sprossen und Gemüse hinein und braten sie 1 Minute scharf an. Dann Salz, Zucker, Sojasoße und Wein hineingeben und gut verrühren.

6 Gießen Sie die Gemüsemischung über die Nudeln, garnieren Sie mit den restlichen Frühlingszwiebeln und gießen Sie ein paar Tropfen Sesamöl darüber. Reichen Sie dazu Chilisoße.

Nudelsuppe Chiang Mai

Diese Nudelsuppe ist die thailändische Version des malaysischen Nationalgerichts Laksa *(siehe Register).*

ZUTATEN

4–6 Portionen

600 ml/2½ Tassen Kokosmilch
2 EL rote Currypaste
1 TL gemahlenes Kurkuma
450 g/3 Tassen Hühnerschenkel, in mundgerechte Stücke geschnitten
600 ml/2½ Tassen Hühnerbrühe
4 EL Fischsoße
1 EL dunkle Sojasoße
Saft einer halben bis ganzen Limone
450 g frische Eiernudeln, kurz in kochendem Wasser blanchiert
Salz und frisch gemahlener schwarzer Pfeffer

Für die Garnitur

3 Frühlingszwiebeln, gehackt
4 frische rote Chilischoten, gehackt
4 Schalotten, gehackt
4 EL eingelegte Senfblätter, in Scheiben geschnitten und abgewaschen
2 EL Knoblauch, angebraten und zerkleinert
frisches Koriandergrün

1 Geben Sie etwa ein Drittel der Kokosmilch in einen Topf und kochen sie auf. Dabei mit einem Holzlöffel umrühren, bis sie ausflockt.

2 Rühren Sie Currypaste und Kurkuma ein und kochen sie, bis sie ihren Duft entfalten.

3 Braten Sie das Fleisch darin scharf an. Alle Stücke sollten gut von der Paste bedeckt sein.

4 Geben Sie die restliche Kokosmilch, Brühe, Fischsoße und Sojasoße hinein, schmecken Sie die Suppe ab. Köcheln Sie sie 7–10 Minuten, nehmen sie vom Herd und rühren den Limonensaft unter.

5 Erhitzen Sie die Nudeln wieder in kochendem Wasser; dann abgießen und in Schalen füllen. Das Fleisch verteilen und die Suppe darübergießen. Garnieren Sie jede Suppe mit etwas von jeder Garniturzutat.

Hühnersuppe mit Vermicelli

In Marokko nimmt man ein ganzes Huhn für diese nahrhafte Suppe, um die ganze Familie an dem Mahl teilhaben zu lassen. Hier finden Sie eine vereinfachte Version mit kleineren Stücken Hühnerfleisch.

ZUTATEN

4–6 Portionen

2 EL Sonnenblumenöl
1 EL Butter
1 Zwiebel, gehackt
2 Hühnerbeine oder -brüste, halbiert oder geviertelt
Paniermehl
2 Möhren, in 4 cm großen Stücken
1 Pastinake, in 4 cm großen Stücken
1,5 Liter Hühnerbrühe
1 Zimtstange
eine kräftige Prise Paprikapulver
eine Prise Safran
2 Eigelb
Saft einer halben Zitrone
2 EL frischer Koriander, gehackt
2 EL frische Petersilie, gehackt
150 g Vermicelli oder andere Nudeln
Salz und schwarzer Pfeffer

1 Erhitzen Sie das Öl in einem Topf oder einer Kasserolle und braten Sie die Zwiebel darin weich. Wälzen Sie das Hühnerfleisch in dem Mehl und braten Sie es langsam, bis es gleichmäßig braun ist.

2 Legen Sie das Fleisch auf einen Teller und geben Sie Möhren und Pastinake in den Topf. Bei schwacher Hitze 3–4 Minuten unter Rühren braten. Das Fleisch zurück in den Topf geben und Brühe, Zimtstange und Paprika dazugeben. Salzen und pfeffern.

3 Bringen Sie die Suppe zum Kochen und köcheln Sie das Gemüse bedeckt in 1 Stunde zart.

4 Rühren Sie den Safran in 2 EL kochendem Wasser auf, schlagen Sie das Eigelb mit dem Saft in einer anderen Schüssel und geben Sie Koriander und Petersilie hinzu. Wenn das Safranwasser abgekühlt ist, Ei und die Zitronenmischung unterrühren.

5 Wenn das Gemüse zart ist, legen Sie das Fleisch auf einen Teller. Schöpfen Sie das Fett aus der Suppe, geben Sie die Nudeln hinzu und kochen sie 5–6 Minuten bei etwas höherer Temperatur zart. Häuten und schneiden Sie das Huhn in mundgerechte Stücke.

6 Wenn die Nudeln gar sind, rühren Sie Fleisch, Ei, Zitrone und Safranmischung hinein. Bei niedriger Temperatur 1–2 Minuten kochen, dabei die ganze Zeit umrühren. Dann abschmecken und servieren.

Currysuppe

Die Suppe heißt eigentlich Mulligatawny *(wörtlich „Pfefferwasser") und kam Ende des 18. Jahrhunderts aus Indien durch die Kolonialstreitkräfte nach England.*

ZUTATEN

4 Portionen

4 EL Butter oder 4 EL Öl
2 Stücke Hühnerfleisch, je etwa 350 g
1 Zwiebel, gehackt
1 Möhre, klein geschnitten
1 kleine Rübe, klein geschnitten
etwa 1 EL Curry
4 Nelken
6 schwarze Pfefferkörner, leicht zerstoßen
50 g/$^1/_4$ Tasse Linsen
900 ml/3$^3/_4$ Tassen Hühnerbrühe
40 g/$^1/_4$ Tasse Sultaninen
Salz und frisch gemahlener schwarzer Pfeffer

1 Zerlassen Sie die Butter in einem Topf und braten Sie das Hühnerfleisch scharf an. Legen Sie es dann auf einen Teller und stellen es beiseite.

2 Braten Sie Zwiebel, Möhre und Rübe in dem Topf an (dabei ab und zu umrühren). Rühren Sie Curry, Nelken und Pfeffer hinein und braten Sie noch 1–2 Minuten. Geben Sie dann die Linsen hinzu.

3 Gießen Sie Brühe in den Topf und kochen sie auf. Geben Sie dann Rosinen, Fleisch und den Saft vom Teller hinzu. Bedeckt etwa 75 Minuten köcheln.

TIPP

Rote Spaltlinsen geben eine schöne Farbe – natürlich können Sie auch grüne oder braune Linsen verwenden.

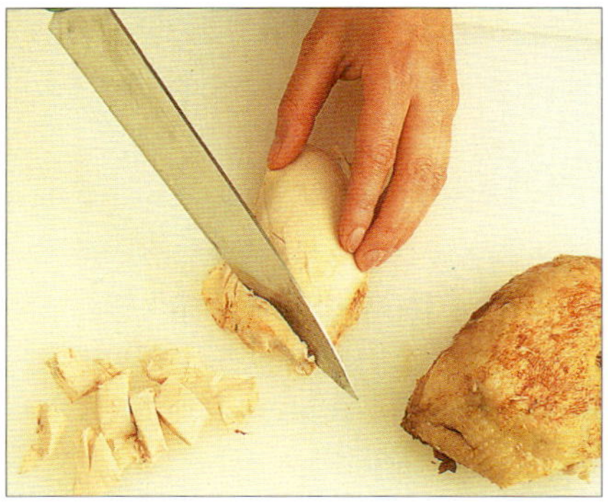

4 Fischen Sie das Hühnerfleisch heraus und entfernen Haut und Knochen. Schneiden Sie das Fleisch, geben Sie es zurück in die Suppe und erhitzen Sie sie wieder. Abschmecken und heiß servieren.

Linsensuppe mit geräucherter Pute

Linsen verstärken den Geschmack geräucherter Pute und ergeben, mit vier leckeren Gemüsesorten, einen ausgezeichneten Eintopf.

ZUTATEN

4 Portionen

2 EL Butter
1 große Möhre, klein geschnitten
1 Zwiebel, gehackt
1 Lauch (nur die weißen Teile), gehackt
1 Selleriestange, klein geschnitten
115 g/1 1/2 Tassen Pilze, klein geschnitten
50 ml/1/4 Tasse trockener Weißwein
1,2 Liter Hühnerbrühe
2 TL getrockneter Thymian
1 Lorbeerblatt
115 g/1/2 Tasse Linsen
75 g/3/4 Tasse geräucherte Pute, gewürfelt
Salz und schwarzer Pfeffer

1 Zerlassen Sie die Butter in einem Topf und braten Sie Möhre, Zwiebel, Lauch, Sellerie und Pilze in 3–5 Minuten goldgelb.

2 Rühren Sie Wein und Brühe ein und bringen sie zum Kochen. Schöpfen Sie den Schaum ab, geben Sie Thymian und Lorbeerblatt hinein und kochen Sie alles wieder auf. Bei schwacher Hitze zugedeckt 30 Minuten garen.

3 Geben Sie die Linsen hinzu und kochen Sie bedeckt noch 30–40 Minuten weiter, bis sie gerade zart sind. Rühren Sie dabei ab und zu um.

4 Geben Sie das Putenfleisch hinein und schmecken Sie die Suppe mit Salz und Pfeffer ab. Kochen Sie weiter, bis das Fleisch durchgewärmt ist.

Hühnersuppe mit Lauch

Dieses traditionelle schottische Rezept – es ist seit 1598 bekannt – wurde ursprünglich mit sowohl mit Rindfleisch als auch mit Hühnerfleisch zubereitet.

ZUTATEN

4 Portionen

2 Stücke Hühnerfleisch, jeweils etwa 275 g
1,2 Liter Hühnerbrühe
1 Bund Suppengrün
4 Lauchstangen
8–12 Backpflaumen, eingeweicht
Salz und schwarzer Pfeffer
Brot zum Servieren

1 Geben Sie das Fleisch mit der Brühe und dem Bund Suppengrün in einen Topf und kochen Sie die Brühe auf. Köcheln Sie ca. 40 Minuten.

2 Schneiden Sie die weißen Teile des Lauchs in Stücke und schneiden Sie ein wenig von dem Grün sehr fein.

3 Geben Sie das Weiße des Lauchs und die Pflaumen in den Topf; damit noch 20 Minuten kochen. Mit dem Grün 10–15 Minuten weiter kochen.

4 Fischen Sie das Hühnerfleisch heraus, entfernen Sie Haut und Knochen und schneiden das Fleisch klein. Geben Sie es zurück in den Topf und schmecken Sie die Suppe ab.

5 Wärmen Sie die Suppe durch, füllen sie in warme Teller und reichen Sie Brot dazu.

Schottische Brühe

Die schottische Brühe kräftigt und wärmt von innen – und ist immer eine köstliche Mahlzeit.

ZUTATEN

6 Portionen

900 g Nackenstück vom Lamm, in große, gleichmäßige Stücke geschnitten
1¾ Liter Wasser
1 große Zwiebel, gehackt
50 g/¼ Tasse Perlgraupen
1 Bund Suppengrün
1 große Möhre, klein geschnitten
1 Rübe, klein geschnitten
3 Stangen Lauch, geschnitten
½ kleiner Weißkohl
Salz und frisch gemahlener schwarzer Pfeffer
frische Petersilie, zum Garnieren

1 Bringen Sie das Wasser mit dem Fleisch zum Kochen. Den Schaum abschöpfen und Zwiebel, Graupen und Würze unterrühren.

2 Die Suppe wieder aufkochen und teilweise bedeckt 1 Stunde köcheln lassen. Rühren Sie das Gemüse, Salz und Pfeffer ein und bringen Sie die Brühe wieder zum Kochen. Wieder teilweise bedecken und noch 35 Minuten köcheln, bis das Gemüse zart ist.

3 Schöpfen Sie überschüssiges Fett ab und servieren Sie die Suppe heiß, garniert mit gehackter Petersilie.

Bohnensuppe mit Lamm und Kürbis

Eine herzhafte Suppe für kalte Wintertage.

ZUTATEN

4 Portionen

115 g/⅔ Tasse kleine Bohnen nach Wahl, mindestens 1–2 Stunden eingeweicht
700 g Nackenstück vom Lamm, in mittelgroße Stücke geschnitten
1 TL frischer Thymian, gehackt, oder ½ TL getrockneter Thymian
2 Lorbeerblätter
1,2 Liter Brühe oder Wasser
1 Zwiebel, gehackt
225 g Kürbis, gewürfelt
2 schwarze Kardamomschoten
1½ TL Kurkuma
1 EL frischer Koriander
½ TL Kümmelsamen
1 frische grüne Chilischote, entkernt, gehackt
2 Kochbananen
1 Möhre
Salz und schwarzer Pfeffer

1 Gießen Sie die Bohnen ab und bedecken sie in einem Topf mit frischem kalten Wasser.

2 Kochen Sie die Bohnen 10 Minuten; dann herunterschalten und bedeckt 40–50 Minuten zart kochen. Dabei falls nötig noch Wasser dazugeben. Nehmen Sie den Topf vom Herd und lassen Sie ihn abkühlen.

3 Legen Sie das Fleisch in einen Topf, geben Sie Thymian, Lorbeer und Brühe hinzu und bringen Sie das Ganze zum Kochen. Bedeckt bei mittlerer Hitze in 1 Stunde zart köcheln.

4 Rühren Sie Zwiebel, Kürbis, Kardamom, Kurkuma, Koriander, Kümmel, Chili und Gewürze ein. Köcheln Sie ohne Deckel noch 15 Minuten weiter. Dabei ab und zu umrühren, bis der Kürbis zart ist.

5 Wenn die Bohnen abgekühlt sind, pürieren Sie sie mit ihrer Kochflüssigkeit im Mixer glatt.

6 Schälen Sie die Bananen und schneiden sie in mittelgroße Stücke. Schneiden Sie die Möhre klein und rühren Sie beides mit dem Bohnenpüree in die Suppe. Kochen Sie sie 10–12 Minuten, bis die Möhre zart ist. Schmecken Sie die Suppe ab und servieren Sie.

Linsensuppe mit Lamm

Lamm und Linsen ergänzen sich hervorragend – ein ideales Duo.

ZUTATEN

4 Portionen

etwa 1,5 Liter Brühe oder Wasser
900 g Nackenstück vom Lamm, in Stücke geschnitten
½ Zwiebel, gehackt
1 Knoblauchzehe, zerdrückt
1 Lorbeerblatt
1 Nelke
2 frische Thymianzweige
225 g/1½ Tassen Kartoffeln, in Stücke geschnitten
175 g/¾ Tasse rote Linsen
Salz und schwarzer Pfeffer
frische Petersilie, gehackt

1 Geben Sie etwa 1,2 Liter Brühe mit dem Fleisch in einen Topf, dazu Zwiebel, Knoblauch, Lorbeerblatt, Nelke und Thymian. Bringen Sie alles zum Kochen. Nach etwa 1 Stunde ist das Lammfleisch gar.

2 Geben Sie die Kartoffelstücke und die Linsen in den Topf und würzen Sie die Suppe mit Salz und viel Pfeffer. Gießen Sie die restliche Brühe hinzu, bis Fleisch und Gemüse gerade bedeckt sind. Wenn die Suppe zu dick wird, gießen Sie noch mehr Brühe hinein.

3 Lassen Sie die Suppe bedeckt noch 25 Minuten köcheln, oder bis die Linsen gar und gut mit der Suppe vermischt sind. Schmecken Sie ab, rühren Sie die Petersilie ein und servieren Sie.

TIPP

Rote Linsen brauchen im Gegensatz zu anderen Hülsenfrüchten vor dem Kochen nicht eingeweicht zu werden. Sie müssen sie nur gründlich putzen.

Marokkanische Harira

Diese nahrhafte Suppe wird traditionell während des Fastenmonats Ramadan gegessen.

ZUTATEN

4 Portionen

- 2 EL Butter
- 225 g Lammfleisch in kleine Stücke geschnitten
- 1 Zwiebel, gehackt
- 450 g Tomaten
- 4 EL frischer Koriander, gehackt
- 2 EL frische Petersilie, gehackt
- ½ TL Kurkuma
- ½ TL gemahlener Zimt
- 50 g/¼ Tasse rote Linsen
- 75 g/½ Tasse Kichererbsen, über Nacht eingeweicht
- 600 ml/2½ Tassen Wasser
- 4 kleine Zwiebeln oder Schalotten, geschält
- 25 g/¼ Tasse Suppennudeln
- Salz und schwarzer Pfeffer

Für die Garnitur

- frischer Koriander, gehackt
- Zitronenscheiben
- gemahlener Zimt

1 Zerlassen Sie die Butter in einem Topf oder einer Kasserolle und braten Sie darin das Fleisch und die Zwiebel unter Rühren etwa 5 Minuten an.

2 Die Tomaten nach Wunsch schälen; dazu kurz in kochendes Wasser legen, abkühlen lassen und die Schale abziehen. Dann vierteln und mit Kräutern und Gewürzen zum Lammfleisch geben.

3 Spülen Sie die Linsen unter kaltem Wasser ab und gießen Sie die Kichererbsen ab. Beides in den Topf geben, mit Salz und Pfeffer würzen und aufkochen. Bedeckt 1½ Stunden köcheln.

4 Mit den Schalotten noch 30 Minuten weiterkochen. Geben Sie 5 Minuten vor dem Ende die Nudeln hinzu. Servieren Sie die Suppe, wenn die Nudeln zart sind, und garnieren Sie mit Koriander, Zitronenscheiben und Zimt.

Spinat- und Zitronensuppe mit Klößchen

Diese Suppe, bekannt als Aarshe saak, *gehört in vielen Mittelmeerländern zum Standard. In Griechenland heißt sie* Avgolemono *und wird ohne Klößchen zubereitet.*

ZUTATEN

6 Portionen

2 große Zwiebeln
3 EL Öl
1 EL Kurkuma
115 g/½ Tasse gelbe Spalterbsen
1,2 Liter Wasser
250 g Lammfleisch, gehackt
500 g/6 Tassen Spinat, zerkleinert
50 g/½ Tasse Reismehl
Saft von 2 Zitronen
1 oder 2 Knoblauchzehen, gehackt
2 EL frische Minze, gehackt
4 Eier, geschlagen
Salz und schwarzer Pfeffer
frische Minzezweige zum Garnieren

1 Hacken Sie eine der beiden Zwiebeln und braten sie in 2 EL Öl in einem Topf goldgelb. Geben Sie Kurkuma, Erbsen und Wasser hinzu. Aufkochen und 20 Minuten köcheln.

2 Raspeln Sie die andere Zwiebel in eine Schüssel, geben Sie Lammfleisch und Gewürze hinzu und rühren Sie um. Formen Sie kleine Bällchen aus der Mischung. In den Topf geben und 10 Minuten köcheln. Geben Sie den Spinat dazu und köcheln Sie noch 20 Minuten bedeckt.

3 Mischen Sie Mehl und 1 Tasse kaltes Wasser zu einer glatten Paste. Rühren Sie sie langsam in den Topf. Geben Sie den Zitronensaft dazu, würzen Sie und kochen Sie weitere 20 Minuten bei schwacher Hitze.

4 Erhitzen Sie das restliche Öl in einem Topf und braten Sie den Knoblauch an. Rühren Sie die Minze ein und nehmen Sie den Topf vom Herd.

5 Nehmen Sie die Suppe vom Feuer und rühren Sie die geschlagenen Eier ein. Mit der Knoblauchmischung bestreuen und mit Minzezweigen garnieren.

Bohnen-Pasta-Suppe

Diese herzhafte Suppe wird in Italien einfach Pasta e fagioli *genannt, oder auch* Minestrone di pasta e fagioli. *Zuweilen werden getrocknete Bohnen und ein Schinkenknochen verwendet.*

ZUTATEN

4–6 Portionen

2 EL Olivenöl

115 g/2/3 Tasse Pancetta oder Räucherspeck ohne Rinde, gewürfelt

1 Zwiebel

1 Möhre

1 Selleriestange

1,75 Liter/7 1/2 Tassen Rinderbrühe

1 Zimtstange oder eine kräftige Prise gemahlener Zimt

90 g/knapp 1 Tasse kleine Pasta, etwa *Conchiglie* oder *Coralini*

400 g Borlottibohnen aus der Dose, gewaschen und abgetropft

225 g/1 1/2 Tassen gekochter Schinken, gewürfelt

Salz und schwarzer Pfeffer

Parmesanhobel zum Servieren

1 Erhitzen Sie das Öl in einem Topf und braten Sie Pancetta oder Speck an. Schneiden Sie das Gemüse klein, geben Sie es in den Topf und braten Sie es etwa 10 Minuten unter Rühren. Gießen Sie die Brühe mit dem Zimt hinein und würzen Sie mit Salz und Pfeffer. Anschließend aufkochen und bei niedriger Temperatur 15–20 Minuten köcheln.

2 Geben Sie die Pasta dazu und bringen Sie die Suppe unter Rühren wieder zum Kochen. Schalten Sie herunter und köcheln Sie weitere 5 Minuten. Geben Sie dann die Borlottibohnen und den Schinken hinein und köcheln Sie noch 2–3 Minuten weiter, oder bis die Pasta *al dente* ist.

3 Fischen Sie die Zimtstange heraus (falls verwendet), schmecken Sie die Suppe ab und servieren Sie heiß, garniert mit Parmesanhobeln.

VARIATION

Sie können auch Spaghetti oder Tagliatelle verwenden; brechen Sie sie über dem Topf in kleine Stücke. Anstelle der Borlottibohnen kann man auch Cannellini- oder weiße Bohnen verwenden. Geben Sie sie nach der Brühe in den Topf. Das Ganze können Sie mit 1 EL Tomatenmark verfeinern.

Linsensuppe mit Speck

Zu dieser herzhaften Suppe passt warmes, knuspriges Brot.

ZUTATEN

4 Portionen

450 g/3 ½ Tassen Speck, gewürfelt
1 Zwiebel, grob geschnitten
1 kleine Rübe, grob geschnitten
1 Selleriestange, klein geschnitten
1 Kartoffel, grob geschnitten
1 Möhre, gewürfelt
75 g/½ Tasse Linsen
1 Bund Suppengrün
frisch gemahlener schwarzer Pfeffer
frische glatte Petersilie zum Garnieren

1 Erhitzen Sie einen Topf und lassen Sie den Speck ein paar Minuten aus.

2 Geben Sie Zwiebel, Rübe, Sellerie, Kartoffel und Möhre dazu und braten Sie alles 4 Minuten; dabei ab und zu umrühren.

3 Geben Sie Linsen, Suppengrün, Pfeffer und genug Wasser zum Bedecken hinein und bringen Sie die Suppe zum Kochen. Dann 1 Stunde garen, oder bis die Linsen zart sind. Mit frischer Petersilie garnieren.

Scharfe Nudelsuppe mit Schweinefleisch

Diese Suppe ist eine vollständige Mahlzeit – und sehr delikat.

ZUTATEN

4 Portionen

1 Liter Hühnerbrühe

350 g Eiernudeln

1 EL getrocknete Garnelen, in Wasser eingeweicht

2 EL Pflanzenöl

225 g/1 3/4 Tassen mageres Schweinefleisch, fein zerkleinert

1 EL gelbe Bohnenpaste

1 EL Sojasoße

120 g scharfes, eingelegtes Gemüse nach Wahl, abgetropft und zerkleinert

eine Prise Zucker

2 Frühlingszwiebeln, fein geschnitten

1 Kochen Sie die Nudeln in der Brühe fast zart. Gießen Sie erst die Nudeln ab, dann die getrockneten Garnelen. Spülen Sie sie erneut, gießen sie wieder ab und geben sie zur Brühe. Herunterschalten und 2 Minuten köcheln; halten Sie die Suppe dann warm.

2 Erhitzen Sie das Öl in einem Topf und braten Sie das Schweinefleisch 3 Minuten scharf an.

3 Geben Sie Bohnenpaste und Sojasoße zum Fleisch und braten Sie noch 1 Minute weiter. Mischen Sie das scharfe Gemüse mit dem Zucker hinein und braten Sie noch 1 Minute.

4 Verteilen Sie die Nudeln und die Suppe in Schalen und geben Sie einen Löffel mit Fleischmischung obenauf. Streuen Sie ein paar Frühlingszwiebelstückchen darüber und servieren Sie.

Galizische Brühe

Diese schmackhafte, italienische Suppe ähnelt den Fleisch- und Kartoffelbrühen aus kälteren Gegenden. Mit dem Schinken können Zwiebelschalen gekocht werden; so wird die Farbe schöner. Vergessen Sie nicht, sie wieder herauszuholen!

ZUTATEN

4 Portionen

ein 450 g schweres Stück Räucherschinken
2 Lorbeerblätter
2 Zwiebeln, in Scheiben geschnitten
1,5 Liter kaltes Wasser
2 TL Paprikapulver
700 g Kartoffeln, in Stücke geschnitten
225 g Winterkohl
400 g Prinzess- oder Cannellinibohnen aus der Dose, abgetropft
Salz und schwarzer Pfeffer

1 Weichen Sie den Schinken über Nacht in kaltem Wasser ein. Dann abgießen und mit dem Lorbeer und den Zwiebeln in einen Topf geben und das Wasser darüber gießen.

2 Aufkochen und bei schwacher Hitze das Fleisch etwa 90 Minuten garen. Achten Sie darauf, dass nichts überkocht.

3 Gießen Sie das Fleisch ab (die Flüssigkeit zurückhalten) und lassen Sie es kurz abkühlen. Schneiden Sie die Haut und überschüssiges Fett heraus und schneiden das Fleisch in kleine Stücke. Mit der Kochflüssigkeit in den Topf geben, dazu Paprika und Kartoffeln. Köcheln Sie 20 Minuten bedeckt.

4 Entfernen Sie das Kohlherz, rollen die Blätter zusammen und schneiden sie in feine Streifen. Geben Sie den Kohl mit den Bohnen in den Topf und lassen alles etwa 10 Minuten köcheln. Mit Salz und frisch gemahlenem Pfeffer würzen und heiß servieren.

TIPP

Statt Schinken können Sie auch Schinkenhaxe verwenden. Die Knochen geben der Einlegeflüssigkeit mehr Geschmack.

Gumbo mit Meeresfrüchten und Würstchen

Gumbo ist eine Suppe, die oft mit Reisbeilage als Hauptgericht dient.

ZUTATEN

10–12 Portionen

1,5 kg rohe Garnelen in der Schale
1,5 Liter Wasser
4 Zwiebeln, 2 davon geviertelt
4 Lorbeerblätter
175 ml/3/4 Tasse Pflanzenöl
115 g/1 Tasse Mehl
5 EL Margarine oder Butter
2 grüne Paprikaschoten, entkernt und gehackt
4 Selleriestangen, gehackt
675 g geräucherte Würstchen nach Wahl, in kleinen Stücken
3 Tassen frische Okraschoten, in kleinen Scheiben
3 Knoblauchzehen, zerdrückt
1/2 TL frischer oder getrockneter Thymian
2 TL Salz
1/2 TL frisch gemahlener schwarzer Pfeffer
1/2 TL weißer Pfeffer
1 TL Cayennepfeffer
475 ml/2 Tassen scharfe Paprikasoße (nach Wunsch)
2 Tassen frische, geschälte Romatomaten oder Tomaten aus der Dose
450 g frisches Krabbenfleisch
gekochter Reis zum Servieren

1 Schälen Sie die Garnelen und nehmen sie aus; behalten Sie Köpfe und Schalen zurück. Stellen Sie sie bedeckt kühl.

2 Bringen Sie die Köpfe und Schalen mit dem Wasser, einer geviertelten Zwiebel und einem Lorbeerblatt zum Kochen. Teilweise bedeckt 20 Minuten köcheln, abgießen und beiseite stellen.

3 Für die Mehlschwitze erhitzen Sie das Öl in einer Pfanne und rühren nach und nach das Mehl hinein, so dass eine glatte Paste entsteht.

4 Kochen Sie die Paste bei mittlerer Hitze unter Rühren 25–40 Minuten, bis sie wie Erdnussbutter aussieht. Vorsicht, sie brennt leicht an! Nehmen Sie die Pfanne vom Herd und rühren Sie so lange um, bis die Paste nicht mehr blubbert und abgekühlt ist.

5 Zerlassen Sie die Margarine oder Butter in einem Topf oder einer Kasserolle. Hacken Sie die restlichen Zwiebeln und geben sie mit Paprika und Sellerie hinein. Braten Sie sie bei mittlerer Hitze 6–8 Minuten unter Rühren, bis die Zwiebeln weich sind.

6 Das Würstchen unterrühren und noch 5 Minuten braten. Mit Okraschoten und Knoblauch weiter braten, bis die Okras keine weißen Fäden mehr ziehen.

7 Rühren Sie die restlichen Lorbeerblätter sowie Thymian, Salz, schwarzen und weißen Pfeffer, Cayennepfeffer und Paprikasoße ein. Dann 1,5 Liter der Garnelenbrühe und die Tomaten unterrühren. Aufkochen, den Topf teilweise zudecken und bei schwacher Hitze in 20 Minuten garen.

8 Mixen Sie die Mehlschwitze ein und kochen Sie die Suppe dabei auf. Dann wieder herunterschalten und ohne Deckel noch 40–45 Minuten köcheln; dabei ab und zu umrühren.

9 Rühren Sie Garnelen und Krabbenfleisch ein und kochen Sie noch 3–4 Minuten, oder bis die Garnelen rosa werden.

10 Servieren Sie die Suppe über Reis in jeder Schale; verteilen Sie dabei die Meeresfrüchte und die Würstchenstücke gleichmäßig.

Grünes Kräuter-Gumbo

Dieses süß gewürzte Gericht wird traditionell am Ende der Fastenzeit bereitet, auch wenn man nicht gefastet hat. Wichtig ist die Vielfalt grüner Gemüsesorten; die hier aufgelisteten lassen sich durchaus durch andere ersetzen.

ZUTATEN

6–8 Portionen

350 g roher Räucherschinken
2 EL Schmalz- oder Pflanzenöl
1 große Gemüsezwiebel, grob gehackt
2 oder 3 Knoblauchzehen, zerdrückt
1 TL getrockneter Oregano
1 TL getrockneter Thymian
2 Lorbeerblätter
2 Nelken
2 Selleriestangen, fein geschnitten
1 grüne Paprikaschote, entkernt und gehackt
1/2 Grünkohl, ohne Strunk und fein geschnitten
2 Liter leichte Brühe oder Wasser
3 Tassen Winterkohl, fein geschnitten
3 Tassen Senfkohl, fein geschnitten
3 Tassen Spinat, zerkleinert
1 Bündel Brunnenkresse, gehackt
6 Frühlingszwiebeln, gehackt
1/2 Tasse frische Petersilie, gehackt
1/2 TL gemahlener Piment
1/4 Muskatnuss, gerieben
eine Prise Cayennepfeffer
Salz und schwarzer Pfeffer
warmes Baguette oder Knoblauchbrot

1 Würfeln Sie den Schinken fein ohne Fett und Rinde. Erhitzen Sie das Schinkenfett mit dem Öl in einem Topf, bis es brutzelt. Rühren Sie Schinken, Zwiebel, Knoblauch, Oregano und Thymian ein und braten Sie alles bei mittlerer Hitze 5 Minuten; dabei ab und zu umrühren.

2 Geben Sie Lorbeer, Nelken, Sellerie und Paprika hinzu und rühren Sie bei mittlerer Hitze noch 2–3 Minuten. Dann Grünkohl und Brühe dazugeben und zum Kochen bringen. Herunterschalten und 5 Minuten köcheln.

3 Kochen Sie noch 2 Minuten mit Winter- und Senfkohl. Geben Sie Spinat, Kresse und Frühlingszwiebeln hinzu und kochen Sie die Suppe wieder auf. Herunterschalten und 1 Minute köcheln. Mit Petersilie, Piment, Muskat, Salz und Pfeffer würzen.

4 Fischen Sie das Schinkenfett und nach Möglichkeit auch die Nelken heraus. Gleich servieren; reichen Sie dazu Baguette oder Knoblauchbrot.

Rindfleisch-Kräuter-Suppe mit Jogurt

Diese klassische iranische Suppe, Aashe Maste, *ist eine volle Mahlzeit, beliebt vor allem bei kaltem Wetter.*

ZUTATEN

4 Portionen

2 große Zwiebeln
2 EL Öl
1 EL Kurkuma
90 g/½ Tasse gelbe Spalterbsen
1,2 Liter Wasser
225 g Rinderhackfleisch
200 g/1 Tasse Langkornreis
jeweils 3 EL frische Petersilie, Koriander und Schnittlauch, gehackt
1 EL Butter
1 große Knoblauchzehe, gehackt
4 EL frische Minze, gehackt
2 oder 3 Safranfäden, in 1 EL kochendem Wasser aufgelöst (nach Geschmack)
Salz und schwarzer Pfeffer
frische Minze zum Garnieren
Naturjogurt und Naan-Brot

1 Erhitzen Sie das Öl in einem Topf und braten Sie eine gewürfelte Zwiebel darin goldgelb. Geben Sie Kurkuma, Erbsen und Wasser dazu und bringen alles zum Kochen. Herunterschalten und 20 Minuten köcheln.

2 Raspeln Sie die andere Zwiebel in eine Schüssel, geben Sie das Fleisch hinein und würzen Sie. Formen Sie kleine Bällchen aus der Mischung, etwa in Walnussgröße. Geben Sie sie in den Topf und köcheln sie 10 Minuten.

3 Geben Sie Reis, Petersilie, Koriander und Schnittlauch hinein und lassen Sie die Suppe 30 Minuten unter Rühren köcheln.

4 Die Butter in einem Topf zerlassen und den Knoblauch darin anbraten. Mit Minze und Safran über die Suppe streuen.

5 Garnieren Sie jede Portion mit Minze und reichen Sie dazu Jogurt und Naan-Brot

EMPFEHLUNG

Frischer Spinat passt hervorragend zu der Suppe. Geben Sie einfach 50 g fein geschnittenen Spinat zusammen mit den Kräutern hinein.

Rindfleisch-Nudel-Suppe

Freunde und Familie freuen sich sicher immer über diese Suppe, die den köstlichen Duft des Orients verströmt.

ZUTATEN

4 Portionen

10 g getrocknete Porcini-Pilze
150 ml/2/3 Tasse kochendes Wasser
6 Frühlingszwiebeln
120 g Möhren
350 g Lendensteak
etwa 2 EL Öl
1 Knoblauchzehe, zerdrückt
2,5 cm frische Ingwerwurzel, geschält und gehackt
1,2 Liter Rinderbrühe
3 EL leichte Sojasoße
4 EL trockener Sherry
75 g dünne Eiernudeln
1 Tasse Spinat, zerkleinert
Salz und schwarzer Pfeffer

1 Zerbröckeln Sie die Pilze und geben sie in eine Schüssel. Gießen Sie das kochende Wasser darüber und lassen die Pilze 15 Minuten einweichen.

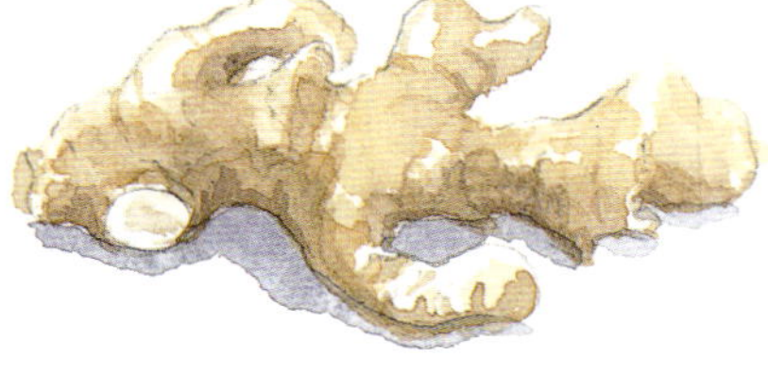

2 Schneiden Sie Frühlingszwiebeln und Möhren in Streifen. Das Fett vom Fleisch entfernen; ebenfalls in Streifen schneiden.

3 Erhitzen Sie das Öl in einem Topf und braten Sie das Fleisch darin braun (wenn nötig, noch Öl dazugeben). Nehmen Sie das Fleisch heraus und tupfen Sie es mit Küchenpapier ab.

4 Knoblauch, Ingwer, Frühlingszwiebeln und Möhren im Öl 3 Minuten scharf anbraten.

5 Geben Sie Fleisch, Brühe, Pilze mit Einweichwasser, Sojasoße und Sherry hinein. Würzen Sie die Mischung mit Salz und Pfeffer und kochen Sie alles auf. Bei schwacher Hitze bedeckt 10 Minuten köcheln lassen.

6 Zerbrechen Sie die Nudeln und geben sie mit dem Spinat in den Topf. Lassen Sie sie 5 Minuten köcheln, bis das Fleisch zart ist. Schmecken Sie die Suppe vor dem Servieren ab.

TIPP

Getrocknete Porcini-Pilze sind mittlerweile in vielen Geschäften erhältlich. Sie mögen teuer sein, sind jedoch sehr aromatisch, so dass selbst eine kleine Menge bei einer Suppe wie dieser schon viel bewirkt.

Gemüsebrühe mit gehacktem Rindfleisch

Eine kräftige, sättigende Suppe, die die ganz unterschiedliche Geschmacksnoten in sich vereint.

ZUTATEN

6 Portionen

2 EL Erdnussöl
120 g Rinderhackfleisch
1 große Zwiebel, gehackt
1 Knoblauchzehe, zerdrückt
1 oder 2 frische Chilischoten, entkernt, gehackt
1 cm Garnelenpaste, fertig vorbereitet
3 Makadamianüsse oder 6 Mandeln, fein gemahlen
1 Möhre, fein gerieben
1 TL brauner Zucker
1 Liter Hühnerbrühe
50 g getrocknete Garnelen, 10 Minuten in warmem Wasser eingeweicht
225 g/3 Tassen Spinat, fein zerkleinert
8 Babymaiskolben oder 200 g Mais aus der Dose
1 große Tomate, gehackt
Saft einer halben Zitrone

1 Erhitzen Sie das Öl in einem Topf und braten Sie Rindfleisch, Zwiebel und Knoblauch darin, bis das Fleisch die Farbe verändert.

2 Geben Sie Chilischoten, Garnelenpaste, Nüsse oder Mandeln, Möhren, Zucker und Salz hinzu.

3 Gießen Sie die Brühe hinein und bringen sie zum Kochen. Verringern Sie die Hitze und geben Sie die Garnelen mit dem Einweichwasser hinzu. Köcheln Sie alles etwa 10 Minuten.

4 Geben Sie ein paar Minuten vor dem Servieren Spinat, Mais, Tomate und Zitronensaft hinein. Lassen Sie die Suppe etwa 1–2 Minuten durchwärmen (zu langes Kochen schmälert den Geschmack der Suppe). Gleich servieren.

TIPP

Wenn Sie die Suppe sehr scharf mögen, geben Sie auch die Kerne der Chilischoten hinzu.

Rinderbrühe mit Cassava

Dieser Eintopf ist eine ganze Mahlzeit. Wein gehört zwar nicht zum ursprünglichen Rezept, bereichert die Suppe aber geschmacklich.

ZUTATEN

4 Portionen

450 g Rindergulasch
1,2 Liter Rinderbrühe
300 ml/1¼ Tassen Weißwein
1 EL brauner Zucker
1 Zwiebel, gehackt
1 Lorbeerblatt
1 Bund Suppengrün
1 frischer Thymianzweig
1 EL Tomatenmark
1 große Möhre, in Scheiben geschnitten
2 Tassen Cassava oder Süßholz, gewürfelt
50 g/⅔ Tasse Spinat, zerkleinert
ein wenig Tabasco zum Abschmecken
Salz und schwarzer Pfeffer

1 Geben Sie Fleisch, Brühe, Wein, Zucker, Zwiebel, Lorbeerblatt, Suppengrün, Thymian und Tomatenmark in einen Topf und garen Sie alles bei schwacher Hitze zugedeckt etwa 75 Minuten.

2 Köcheln Sie Möhre, Cassava oder Süßkartoffel mit ein paar Tropfen Tabasco, Salz und Pfeffer darin noch 15 Minuten, bis das Fleisch und das Gemüse zart sind. Gleich servieren.

TIPP

Statt Rindfleisch können Sie auch Lamm verwenden, und Cassava oder Süßkartoffel lassen sich durch andere Wurzelgemüse ersetzen. Als Grundlage kann auch Pasta verwendet werden; dann sollten Sie weniger Wurzelgemüse nehmen. Den Wein können Sie weglassen und stattdessen mehr Wasser dazugeben.

Suppen für besondere Anlässe

V

Melonen-Basilikum-Suppe

Diese köstlich erfrischende, kühle Fruchtsuppe ist genau das Richtige für einen heißen Sommertag.

ZUTATEN

4–6 Portionen

- 2 Honigmelonen oder Kantalupen
- 75 g/knapp 1/2 Tasse Zucker
- 175 ml/3/4 Tasse Wasser
- abgeriebene Schale und Saft von 1 Limone
- 3 EL frisches Basilikum, gehackt, dazu ganze Blätter zum Garnieren

1 Halbieren und entkernen Sie die Melone. Löffeln Sie 20 Bällchen heraus (dafür gibt es spezielle Löffel) und stellen sie beiseite. Pürieren Sie das restliche Fruchtfleisch im Mixer.

2 Geben Sie Zucker, Wasser und Limonenschale in einen kleinen Topf. Rühren Sie, bis sich alles im Wasser auflöst, und kochen Sie es auf. Herunterschalten und 2–3 Minuten köcheln. Den Topf vom Herd nehmen und kurz abkühlen lassen. Pürieren Sie die Hälfte der Mischung mit dem Fruchtfleisch im Mixer glatt. Mit dem Sirup und Limonensaft abschmecken.

3 Geben Sie die Mischung in einen Topf und rühren Sie das Basilikum ein. Abkühlen lassen und mit Basilikumblättern und Melonenkugeln garnieren.

TIPP

Geben Sie den Sirup nicht auf einmal hinein, da die richtige Menge Zucker von der Süße der Melone abhängt.

Rote-Bete-Zwiebelsuppe

V

Diese schöne, rubinrote Suppe mit dem pfiffigen Jogurtklecks macht sich auf jeder Abendparty gut.

ZUTATEN

4–6 Portionen

1 EL Olivenöl
350 g/2½ Tassen rote Zwiebeln, in Ringen
2 Knoblauchzehen, zerdrückt
300 g/2½ Tassen gekochte rote Bete, in Stifte geschnitten
1,2 Liter Gemüsebrühe oder Wasser
1 Tasse gekochte Suppennudeln
2 EL Himbeersirup
Salz und schwarzer Pfeffer
Jogurt oder Quark und Schnittlauch

1 Erhitzen Sie das Öl in einem Topf und geben Sie den Knoblauch und die Zwiebeln hinein.

2 Braten Sie beides vorsichtig etwa 20 Minuten, oder bis die Zwiebeln zart sind.

3 Rote Bete, Brühe, gekochte Pasta und Sirup dazugeben und alles durchwärmen. Abschmecken und mit Jogurt oder Quark und Schnittlauch garnieren.

TIPP

Mit gekochter Gerste statt mit Pasta schmeckt die Suppe herrlich nussig.

Rote-Bete-Suppe mit Ravioli

Die Verbindung von roter Bete und Pasta ist eher ungewöhnlich – aber trotzdem sehr schmackhaft.

ZUTATEN

4–6 Portionen

Grundteig für Pasta (Fertigprodukt)
1 Eiweiß, geschlagen
Paniermehl
1 kleine Zwiebel oder Schalotte, gehackt
2 Knoblauchzehen, zerdrückt
1 TL Fenchelsamen
2½ Tassen Hühner- oder Gemüsebrühe
225 g gekochte rote Bete
2 EL frischer Orangensaft
frisches Fenchelgrün oder Dill (Garnitur)
knuspriges Brot zum Servieren

Für die Füllung

120 g/1½ Tassen Pilze, fein gehackt
1 Schalotte oder kleine Zwiebel, gehackt
1 oder 2 Knoblauchzehen, zerdrückt
1 TL frischer Thymian, gehackt
1 EL frische Petersilie, gehackt
6 EL frische Weißbrotkrümel
Salz und schwarzer Pfeffer
eine große Prise Muskat, frisch gemahlen

1 Pürieren Sie alle Zutaten für die Füllung im Mixer zu einer Paste.

2 Rollen Sie den Pastateig zu dünnen Platten aus. Legen Sie ein Stück auf eine Ravioliform und geben Sie 1 TL von der Füllung in jede Vertiefung. Dann die Ränder mit Eiweiß einpinseln, eine zweite Lage darüberlegen und die Ränder fest aufeinanderdrücken. Legen Sie sie auf ein bemehltes Handtuch; dort eine Stunde ruhen lassen.

3 Schneiden Sie die Ravioli aus und kochen sie 2 Minuten in gesalzenem Wasser (nicht alle auf einmal, damit sie nicht verkleben). Legen Sie sie dann 5 Sekunden in eine Schüssel mit kaltem Wasser, bevor Sie sie beiseite stellen (Sie können Sie auch einen Tag vorher zubereiten und kühl stellen).

4 Zwiebel, Knoblauch und Fenchelsamen mit 150 ml Brühe zum Kochen bringen und bei schwacher Hitze zugedeckt 5 Minuten garen. Die roten Bete schälen und würfeln (4 Esslöffel zum Garnieren zurückhalten). Den Rest mit der restlichen Brühe in die Suppe geben und aufkochen.

5 Geben Sie den Orangensaft und die Ravioli hinzu und lassen Sie die Suppe 2 Minuten köcheln. Garnieren Sie sie mit der zurückgehaltenen roten Bete und dem Fenchelgrün oder Dill. Heiß servieren; dazu knuspriges Brot reichen.

Italienische Gemüsesuppe

V

Das Gelingen dieser klaren Suppe hängt von der Qualität der Brühe ab. Eine hausgemachte Brühe ist allemal besser als Brühwürfel.

ZUTATEN

4 Portionen

1 kleine Möhre
1 kleine Lauchstange
1 Stange Sellerie
50 g Grünkohl
900 ml/3¾ Tassen Gemüsebrühe
1 Lorbeerblatt
115 g/1 Tasse gekochte Cannellinibohnen
25 g/¼ Tasse Suppennudeln, z. B. Sternchen, Buchstaben etc.
Salz und schwarzer Pfeffer
frischer Schnittlauch, gehackt (Garnitur)

1 Schneiden Sie Möhre, Lauch und Sellerie in lange Streifen. Den Kohl fein schneiden.

2 Bringen Sie die Brühe mit dem Lorbeerblatt in einem Topf zum Kochen. Möhren, Lauch und Sellerie dazugeben und zugedeckt 6 Minuten köcheln, bis das Gemüse weich (nicht zart) ist.

3 Geben Sie Kohl, Bohnen und Pasta hinein und köcheln Sie ohne Deckel noch 4–5 Minuten, oder bis das Gemüse zart und die Pasta *al dente* sind.

4 Holen Sie das Lorbeerblatt heraus und schmecken Sie die Suppe ab. Füllen Sie sie in vorgewärmte Teller und garnieren Sie mit gehacktem Schnittlauch. Gleich servieren.

Kürbiscremesuppe

Eine duftige, cremige Suppe mit fein abgestimmtem Aromen.

ZUTATEN

4 Portionen

- 2 EL Butter oder Margarine
- 2 kleine Zwiebeln, gehackt
- 450 g/3 Tassen Kürbisfleisch, geschält, entkernt und gewürfelt
- 1,2 Liter Hühnerbrühe
- 225 g/1½ Tassen gewürfelte Kartoffeln
- 1 TL Paprikapulver
- 120 ml/½ Tasse Schlagsahne (nach Wunsch)
- 1½ EL frischer Schnittlauch, gehackt, dazu ein paar Stängel zum Garnieren
- Salz und schwarzer Pfeffer

1 Zerlassen Sie die Butter oder Margarine in einem Topf und braten Sie die Zwiebeln darin in 5 Minuten weich.

2 Geben Sie Kürbis, Brühe, Kartoffeln und Paprika hinzu und bringen Sie die Suppe zum Kochen. Dann herunterschalten und zugedeckt das Gemüse in etwa 35 Minuten garen.

3 Pürieren Sie die Suppe im Mixer glatt. Gießen Sie sie in den Topf zurück und rühren Sie (falls gewünscht) die Sahne hinein. Mit Salz und Pfeffer würzen und langsam wieder erwärmen.

4 Rühren Sie den Schnittlauch kurz vor dem Servieren ein. Garnieren Sie jede Portione mit ganzen Schnittlauchstängeln.

Rote-Paprika-Suppe mit Limone

Die volle rote Farbe macht die Suppe zu einer ansprechenden Vorspeise oder leichten Mahlzeit. Zu besonderen Anlässen kann man Croutons darüberstreuen.

ZUTATEN

4–6 Portionen

1 große Zwiebel, gehackt
4 rote Paprikaschoten, entkernt, gehackt
1 TL Olivenöl
1 Knoblauchzehe, zerdrückt
1 kleine rote Chilischote, in Scheiben
3 EL Tomatenmark
900 ml/3¾ Tassen Hühnerbrühe
abgeriebene Schale und Saft von 1 Limone
Salz und schwarzer Pfeffer
Limonenschalenstücken zum Garnieren

1 Braten Sie Zwiebel und Paprika in dem Öl etwa 5 Minuten an; schwenken Sie den Topf dabei ein wenig, bis beides weich ist.

2 Knoblauch, Chili und Tomatenmark mit der Hälfte der Brühe unterrühren, aufkochen und zugedeckt 10 Minuten garen.

3 Kurz abkühlen lassen und im Mixer pürieren. Mit der restlichen Brühe, der Limonenschale, dem Saft, Salz und Pfeffer zurück in den Topf geben.

4 Kochen Sie die Suppe wieder auf. Gleich servieren, vorher ein paar Stücken Limonenschale auf jede Portion streuen.

Tomaten-Basilikum-Suppe

Die ideale Suppe für den Spätsommer, wenn die frischen Tomaten am aromatischsten sind.

ZUTATEN

4–6 Portionen

1 EL Olivenöl
2 EL Butter
1 Zwiebel, gehackt
900 g reife Tomaten, grob geschnitten
1 Knoblauchzehe, grob gehackt
750 ml/etwa 3 Tassen Hühner- oder Gemüsebrühe
120 ml/1/2 Tasse trockener Weißwein
2 EL Tomatenmark (sonnengetrocknet)
2 EL frisches Basilikum, dazu ein paar Blätter zum Garnieren
150 ml/2/3 Tasse Vollfettsahne
Salz und schwarzer Pfeffer

1 Erhitzen Sie Öl und Butter in einem Topf und braten Sie die Zwiebel etwa 5 Minuten unter Rühren an, bis sie weich, aber nicht braun ist.

2 Rühren Sie Tomaten, Knoblauch, Brühe, Weißwein und Tomatenmark mit Salz und Pfeffer ein. Bringen Sie die Suppe zum Kochen, verringern Sie die Hitze und lassen Sie sie teilweise zugedeckt 20 Minuten köcheln. Rühren Sie ab und zu um, damit die Tomaten nicht anbrennen.

3 Pürieren Sie die Suppe mit dem gehackten Basilikum im Mixer und seihen Sie sie in den gespülten Topf ab.

4 Geben Sie die Sahne hinzu und wärmen sie erneut durch (ohne sie zu kochen); dabei umrühren. Falls nötig, mit etwas Brühe verdünnen. Schmecken Sie die Suppe ab, füllen sie in Teller und garnieren sie mit Basilikumblättern. Gleich servieren.

Wildpilzsuppe

Wilde Pilze sind leider teuer. Wenn man sie wie hier mit getrockneten Pilzen mischt, erhält man einen ebenso intensiven Geschmack. Die Rinderbrühe verstärkt das erdige Aroma der Pilze.

ZUTATEN

4 Portionen

- 25 g getrocknete Pilze
- 1 Tasse warmes Wasser
- 2 EL Olivenöl
- 1 EL Butter
- 2 Lauchstangen, fein geschnitten
- 2 Schalotten, grob gehackt
- 1 Knoblauchzehe, grob gehackt
- 225 g frische Wildpilze
- 1,2 Liter Rinderbrühe
- ½ TL getrockneter Thymian
- 150 ml/⅔ Tasse Vollfettsahne
- Salz und schwarzer Pfeffer
- frische Thymianzweige zum Garnieren

1 Weichen Sie die Trockenpilze 20–30 Minuten in warmem Wasser ein. Pressen Sie anschließend das Wasser aus ihnen heraus; bewahren Sie dabei die Flüssigkeit für später auf. Schneiden Sie die Trockenpilze sehr fein.

2 Erhitzen Sie Öl und Butter in einem Topf. Braten Sie darin Lauch, Schalotten und Knoblauch etwa 5 Minuten an, bis sie weich, aber nicht braun sind. Dabei häufig umrühren.

3 Schneiden Sie die frischen Pilze klein und geben Sie sie in den Topf. Rühren Sie bei mittlerer Hitze, bis sie weich werden. Gießen Sie die Rinderbrühe hinein und bringen sie zum Kochen. Mischen Sie die Trockenpile mit dem Einweichwasser, Thymian, Salz und Pfeffer hinzu. Herunterschalten und teilweise zugedeckt 30 Minuten garen. Ab und zu umrühren.

4 Pürieren Sie etwa drei Viertel der Suppe im Mixer glatt. Geben Sie sie wieder in den Topf, rühren Sie die Sahne ein und wärmen Sie die Suppe durch. Eventuell muss die Suppe mit Brühe oder Wasser verdünnt werden. Schmecken Sie ab und garnieren Sie mit frischen Thymianzweigen.

V

Ungarische Sauerkirschen-Suppe

Diese ungarische Suppe ist besonders im Sommer beliebt. Fruchtsuppen werden meistens mit Mehl angedickt, und durch die Prise Salz kann sich der Geschmack der Kirschen besser entfalten.

ZUTATEN

4 Portionen

1 EL Mehl
120 ml/½ Tasse saure Sahne
eine kräftige Prise Salz
1 TL Zucker
225 g/1½ Tassen frische Sauerkirschen oder Schattenmorellen, entsteint
900 ml/3¾ Tassen Wasser
50 g/¼ Tasse Zucker

1 Vermischen Sie das Mehl gut mit der sauren Sahne. Streuen Sie Salz nach Geschmack und Zucker dazu.

2 Geben Sie die Kirschen mit dem Wasser und Zucker in einen Topf und pochieren sie etwa 10 Minuten.

3 Nehmen Sie den Topf vom Herd und stellen Sie 2 Esslöffel der Kochflüssigkeit zum Garnieren beiseite. Rühren Sie 2 Esslöffel der Kirschflüssigkeit in die Sahnemischung und gießen sie auf die Kirschen.

4 Bringen Sie die Suppe zum Kochen und garen Sie sie bei schwacher Hitze 5–6 Minuten.

5 Nehmen Sie die Suppe vom Herd, bedecken sie mit Plastikfolie und lassen sie abkühlen. Eventuell noch Salz dazugeben. Rühren Sie vor dem Servieren die restliche Kochflüssigkeit ein.

Apfelsuppe

Eine köstliche Suppe, die das Aroma frisch gepflückter Äpfel voll entfaltet.

ZUTATEN

6 Portionen

3 EL Öl
1 Kohlrabi, gewürfelt
3 Möhren, gewürfelt
2 Selleriestangen, klein geschnitten
1 grüne Paprika, entkernt und gewürfelt
2 Tomaten, gewürfelt
2 Liter Hühnerbrühe
6 große grüne Äpfel
3 EL Mehl
150 ml/²/₃ Tasse Vollfettsahne
1 EL Zucker
2–3 EL Zitronensaft
Salz und schwarzer Pfeffer
Zitronenstücke und knuspriges Brot

1 Erhitzen Sie das Öl in einem Topf und braten Sie darin Kohlrabi, Möhren, Sellerie, Paprika und Tomaten 5–6 Minuten weich.

2 Die Hühnerbrühe dazugeben und aufkochen. Bei niedriger Temperatur etwa 45 Minuten köcheln.

3 Schälen, entkernen und würfeln Sie die Äpfel. Geben Sie sie in den Topf und köcheln Sie noch 15 Minuten weiter.

4 Vermischen Sie Mehl und Sahne und gießen Sie langsam die Mischung unter Rühren in die Suppe. Aufkochen, Zucker und Zitronensaft dazugeben und abschmecken. Dazu Zitronenstücke und knuspriges Brot reichen.

V

Scharf-saure Suppe

Dieser chinesische Klassiker ist eine wärmende, leckerer Vorspeise zu fast allen Gerichten.

ZUTATEN

4 Portionen

10 g getrocknete Wolkenohren (oder andere chinesische Trockenpilze, möglichst große)
8 frische Shiitake-Pilze
75 g fester Tofu
50 g/½ Tasse Bambussprossen aus der Dose, in Scheiben geschnitten und abgetropft
900 ml/3¾ Tassen Gemüsebrühe
1 EL Zucker
3 EL Reisessig
1 EL leichte Sojasoße
¼ TL Chiliöl
½ TL Salz
frisch gemahlener weißer Pfeffer
1 EL Stärkemehl
1 EL kaltes Wasser
1 Eiweiß
1 TL Sesamöl
2 Frühlingszwiebeln, in feine Ringe geschnitten, zum Garnieren

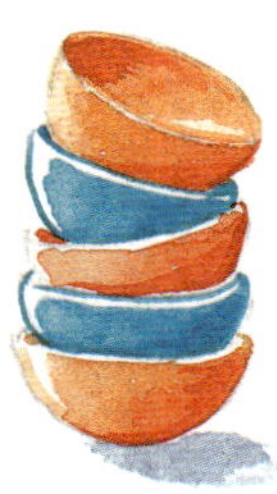

TIPP

Um aus dieser Suppe eine nahrhafte Mahlzeit zu machen, mischen Sie einfach mehr Pilze, Tofu und Sprossen dazu.

1 Weichen Sie die Wolkenohren 30 Minuten in heißem Wasser ein. Lassen Sie sie abtropfen, schneiden Sie die harten Teile ab und die Kappen grob.

2 Entfernen Sie die Stängel von den Shiitake-Pilzen, schneiden Sie die Köpfe in Streifen und dann den Tofu in Würfel. Hacken Sie die Bambussprossen.

3 Geben Sie Brühe, Pilze, Tofu, Bambussprossen und Wolkenohren in einen Topf. Kochen Sie die Brühe auf und lassen Sie sie bei schwacher Hitze etwa 5 Minuten köcheln.

4 Rühren Sie Zucker, Essig, Sojasoße, Chiliöl sowie Salz und Pfeffer ein. Vermischen Sie das Stärkemehl mit dem Wasser zu einer Paste, geben Sie die Mischung zur Suppe. Leicht dick rühren.

5 Schlagen Sie das Eiweiß leicht auf und gießen es langsam in die Suppe, dabei ständig umrühren. Kochen Sie unter Rühren, bis das Eiweiß seine Farbe ändert.

6 Geben Sie vor dem Servieren das Sesamöl dazu. Füllen Sie die Suppe in vorgewärmte Schalen und garnieren Sie jede Portion mit Frühlingszwiebelnringen.

Birnensuppe mit Brunnenkresse

Süße Birnen verbinden sich in dieser Suppe wunderbar mit leicht scharfer Brunnenkresse. Die Croutons sind mit Stilton (oder einem Blauschimmelkäse nach Wahl) verfeinert.

ZUTATEN

6 Portionen

1 Bündel Brunnenkresse
4 Birnen, in Scheiben geschnitten
900 ml/3³/₄ Tassen Hühnerbrühe, am besten selbst gemacht
120 ml/¹/₂ Tasse Vollfettsahne
Saft einer Limone
Salz und schwarzer Pfeffer

Für die Stilton-Croutons

2 EL Butter
1 EL Olivenöl
200 g/3 Tassen altbackenes Brot, gewürfelt
115 g/1 Tasse Stiltonkäse, zerbröckelt

1 Bringen Sie die Brühe mit zwei Dritteln der Kresse und allen Stielen, den Birnen und etwas Gewürz zum Kochen. Dann 15–20 Minuten köcheln.

2 Halten Sie ein paar Kresseblätter zum Garnieren zurück, geben Sie den Rest in die Suppe und pürieren Sie sie im Mixer glatt.

3 Füllen Sie die Suppe in eine Schüssel und rühren Sie die Sahne und den Limonensaft hinein. Schmecken Sie die Suppe an, gießen Sie sie zurück in den Topf und erwärmen sie wieder unter Rühren.

4 Für die Stilton-Croutons zerlassen Sie Butter und Öl, geben die Brotwürfel hinein und braten sie goldbraun. Trocknen Sie sie mit Papierhandtüchern, geben Sie den Käse darüber und rösten Sie sie kurz im Grill des Ofens.

5 Füllen Sie die Suppe in vorgewärmte Teller, verteilen Sie die Croutons und die restliche Kresse auf die Schalen und servieren Sie die Suppe.

Gemüsesuppe „Sterngucker“

V

Wenn Sie Zeit haben, lohnt es sich, die Brühe für diese Suppe selbst zuzubereiten – es kann Gemüse-, Hühner- oder Fischbrühe sein.

ZUTATEN

4 Portionen

1 gelbe Paprikaschote
2 große Zucchini
2 große Möhren
1 Kohlrabi
900 ml/3¾ Tassen kräftige Gemüsebrühe
50 g Reisnudeln
Salz und schwarzer Pfeffer

1 Vierteln und entkernen Sie die Paprikaschote. Schneiden Sie die Zucchini, die Kohlrabi und die Möhren längs in dicke Scheiben.

2 Stechen Sie das Gemüse mit kleinen Ausstechformen in verschiedene Formen. Oder schneiden Sie es mit einem scharfen Messer in Sterne oder Herzen.

3 Kochen Sie die Brühe mit dem Gemüse auf, reduzieren Sie die Hitze und köcheln Sie noch 10 Minuten, bis das Gemüse zart ist. Würzen Sie die Brühe mit Salz und Pfeffer.

4 Bedecken Sie die Nudeln in einer Schüssel mit kochendem Wasser und stellen sie 4 Minuten beiseite. Abtropfen lassen, auf die Teller verteilen und die Suppe darüber gießen.

TIPP

Wenn Sie ein Reisgericht machen wollen, sautieren Sie das restliche Gemüse in Öl und mischen Sie es mit braunem Reis.

V

Spinatsuppe mit Reis

Am besten nehmen Sie für diese leichte, erfrischende Suppe frischen, jungen Spinat und Risotto-Reis.

ZUTATEN

4 Portionen

700 g frischer Spinat, gewaschen
3 EL Olivenöl extra vergine
1 kleine Zwiebel, gehackt
2 Knoblauchzehen, zerdrückt
1 kleine rote Chilischote, entkernt und gehackt
115 g/gut 1/2 Tasse Risotto-Reis
1,2 Liter Gemüsebrühe
Salz und frisch gemahlener schwarzer Pfeffer
4 EL geriebener Pecorino zum Servieren

1 Erhitzen Sie den Spinat nach dem Abwaschen ohne zusätzliches Wasser mit einer Prise Salz leicht in einem Topf, bis er sich zusammenkrümmt. Vom Herd nehmen, abtropfen lassen und klein schneiden.

2 Erhitzen Sie das Öl in einem Topf und braten Sie darin Zwiebel, Knoblauch und Chilischote weich. Rühren Sie den Reis ein, dann die Brühe und das Spinatwasser.

3 Bringen Sie das Ganze zum Kochen, schalten Sie herunter und köcheln Sie 10 Minuten. Geben Sie den Spinat dazu und köcheln noch 5–7 Minuten weiter, bis er zart ist. Würzen Sie mit Salz und Pfeffer. Reichen Sie den geriebenen Pecorino-Käse dazu.

Brokkoli-Anchovi-Pasta-Suppe

In Apulien, der Heimat dieser Suppe, werden Brokkoli und Anchovis oft zusammen zubereitet.

ZUTATEN

4 Portionen

2 EL Olivenöl

1 kleine Zwiebel, gehackt

1 Knoblauchzehe, gehackt

1/4–1/3 frische rote Chilischote, entkernt und gehackt

2 Anchovifilets aus der Dose, abgetropft

200 ml/knapp 1 Tasse passierte Tomaten

3 EL trockener Weißwein

1,2 Liter Gemüsebrühe

300 g/2 Tassen Brokkoliröschen

200 g/1 3/4 Tassse *Corecchiette* oder andere Muschelnudeln

Salz und frisch gemahlener schwarzer Pfeffer

geriebener Pecorino zum Servieren

1 Erhitzen Sie das Öl in einem Topf und braten Sie bei niedriger Temperatur Zwiebel, Knoblauch, Chilischote und Anchovis etwa 5–6 Minuten an. Dabei ab und zu umrühren.

2 Geben Sie Tomaten, Wein, Salz und Pfeffer hinzu. Aufkochen und zugedeckt bei schwacher Hitze unter gelegentlichem Rühren 12–15 Minuten garen.

3 Geben Sie die Brühe dazu; und kochen Sie erneut auf. Köcheln Sie mit dem Brokkoli dann noch etwa 5 Minuten weiter. Mit der Pasta wieder zum Kochen bringen und wieder herunterschalten. Die Nudeln in etwa 7–8 Minuten *al dente* kochen.

4 Schmecken Sie die Suppe ab. Servieren Sie heiß in vorgewärmten Tellern. Reichen Sie dazu den geriebenen Pecorino-Käse.

Consommé mit Agnolotti

Garnelen, Krabben und Hühnchen streiten sich um die Vorherrschaft in dieser reichhaltigen Consommé.

ZUTATEN

4–6 Portionen

75 g geschälte und gekochte Garnelen
75 g Krabbenfleisch aus der Dose
1 TL frisch geriebene Ingwerwurzel
1 EL Weißbrotbrösel (Paniermehl)
1 TL leichte Sojasoße
1 Frühlingszwiebel gehackt
1 Knoblauchzehe, zerdrückt
1 Eiweiß, geschlagen
400 g Hühner- oder Fischfond aus dem Glas
2 EL Sherry oder Wermut
Salz und schwarzer Pfeffer

Für die Pasta

200 g/1¾ Tasse Mehl
eine Prise Salz
2 Eier
2 TL kaltes Wasser

Für die Garnitur

50 g gekochte, geschälte Garnelen
frisches Koriandergrün

1 Sieben Sie Mehl und Salz auf eine Arbeitsfläche und drücken Sie eine Mulde in die Mitte.

2 Gießen Sie Eier und Wasser in die Mulde. Verrühren Sie die Eier mit einer Gabel; rühren Sie dabei nach und nach mehr Mehl ein, bis eine dicke Paste entsteht.

3 Wenn die Mischung zu steif für eine Gabel wird, mischen Sie mit der Hand einen festen Teig. Kneten Sie den Teig etwa 5 Minuten, bis er gleichmäßig ist. Lassen Sie ihn 20–30 Minuten in Plastikfolie gewickelt ruhen.

4 Pürieren Sie die Garnelen, das Krabbenfleisch, den Ingwer, die Brotbrösel, die Sojasoße, die Frühlingszwiebel, den Knoblauch und die Gewürze im Küchenmixer glatt.

5 Rollen Sie den Nudelteig aus und stechen Sie mit einer geriffelten Ausstechform 32 Kreise mit etwa 5 cm Durchmesser aus.

6 Geben Sie 1 TL Füllung auf die Hälfte der Kreise. Pinseln Sie die Kreisränder mit Eiweiß ein und legen Sie einen zweiten Kreis darauf. Drücken Sie die Ränder fest aufeinander, damit die Füllung nicht auslaufen kann.

7 Kochen Sie die Pasta etwa 5 Minuten in Salzwasser. Fischen Sie die Nudeln heraus und legen sie 5 Minuten in eine Schüssel mit kaltem Wasser; dann beiseite stellen (Sie können sie auch am Tag zuvor zubereiten und dann verschlossen kalt stellen).

8 Erhitzen Sie die Consommé mit Sherry oder Wermut. Köcheln Sie die Pasta darin noch 1–2 Minuten.

9 Servieren Sie die Suppe in vorgewärmten Tellern. Garnieren Sie mit Garnelen und frischem Koriandergrün.

Austernsuppe

Aus Austern kann man eine köstliche Suppe für besondere Feste kochen.

ZUTATEN

6 Portionen

475 ml/2 Tasssen Milch

475 ml/2 Tassen fettarme Sahne

1,2 Liter/5 Tassen geschälte Austern, abgetropft (mit Saft)

eine Prise Paprikapulver

2 EL Butter

Salz und schwarzer Pfeffer

1 EL frische Petersilie, gehackt

1 Vermischen Sie Milch, Sahne und Austernsaft in einem Topf.

2 Erhitzen Sie die Mischung bei mittlerer Temperatur, bis sich am Topfrand Blasen bilden (nicht kochen). Reduzieren Sie die Hitze und geben Sie die Austern hinein.

3 Kochen Sie, bis die Austern anschwellen und sich an den Seiten krümmen; dabei ab und zu umrühren. Würzen Sie mit Paprikapulver, dann abschmecken.

4 Wärmen Sie 6 Suppenschalen vor, schneiden Sie die Butter in 6 Stücke und geben Sie in jede Schale ein Stück.

5 Geben Sie die Austern darauf und garnieren Sie jede Portion mit Petersilie. Gleich servieren.

Spargelsuppe mit Krabbenfleisch

Eine schöne Suppe mit dem reinen Aroma frischen Spargels. Erst zum Schluss kommt das Krabbenfleisch als üppige Garnitur dazu.

ZUTATEN

6–8 Portionen

1,5 kg frischer Spargel (weiß oder grün)
2 EL Butter
1,5 Liter Hühnerbrühe
2 EL Stärkemehl
2–3 EL kaltes Wasser
120 ml/½ Tasse Schlagsahne
Salz und frisch gemahlener schwarzer Pfeffer
175–200 g weißes Krabbenfleisch

1 Schneiden Sie die hölzernen Enden vom Spargel ab und schneiden ihn Stücke.

2 Zerlassen Sie die Butter bei mittlerer Hitze in einem Topf oder einer feuerfesten Kasserolle und braten Sie den Spargel darin 5–6 Minuten an. Rühren Sie dabei häufig um.

3 Geben Sie die Brühe hinzu und kochen sie auf; dabei den Schaum abschöpfen. Herunterschalten und bei mittlerer Hitze 3–5 Minuten kochen, bis der Spargel zart, aber noch knackig ist. Halten Sie 12–16 Spargelstückchen zum Garnieren zurück. Würzen Sie die Suppe und garen Sie den Spargel zugedeckt in 15–20 Minuten fertig.

4 Pürieren Sie die Suppe im Mixer und geben sie zurück in den Topf. Bringen Sie sie bei mittlerer Hitze wieder zum Kochen. Vermischen Sie das Stärkemehl mit dem Wasser und mixen es zum Andicken in die kochende Suppe. Rühren Sie die Sahne ein und würzen Sie gegebenenfalls nach.

5 Füllen Sie die Suppe in Teller und geben Sie auf jede Portion einen Löffel Krabbenfleisch und ein paar Spargelstückchen.

Mais-Muschel-Suppe

Eingelegte Muscheln aus dem Glas oder aus der Dose (abgetropft) können als Alternative zu frischen verwendet werden. Muscheln, die sich beim Kochen nicht öffnen, werfen Sie bitte weg.

ZUTATEN

4 Portionen

300 ml/1 1/4 Tassen Vollfettsahne
6 EL Butter
1 kleine Zwiebel, gehackt
1 Apfel, entkernt und in Scheiben geschnitten
1 Knoblauchzehe, zerdrückt
3 EL Curry
350 g/3 Tassen Babymais
225 g neue Kartoffeln, gekocht
24 gekochte Silberzwiebeln
600 ml/2 1/2 Tassen Fischbrühe
ca. 40 Venusmuscheln
Salz und schwarzer Pfeffer
8 Limonenstückchen zum Garnieren

1 Kochen Sie die Sahne in einem Topf, bis sie um die Hälfte reduziert ist.

2 Zerlassen Sie die Hälfte der Butter und sautieren Sie darin Zwiebel, Apfel, Knoblauch und Curry, bis die Zwiebel glasig ist. Rühren Sie die Sahne ein.

3 Zerlassen Sie die restliche Butter in einem anderen Topf und geben Sie Mais, Kartoffeln und Silberzwiebeln hinzu. Kochen Sie 5 Minuten und geben Sie bei höherer Temperatur Sahnemischung und Brühe hinein; aufkochen.

4 Geben Sie die Muscheln hinzu und kochen Sie sie zugedeckt, bis sie sich öffnen. Werfen Sie alle Muscheln, die sich nicht öffnen, weg. Mit Salz und Pfeffer würzen und mit Limonenstückchen garnieren.

Muschelsuppe mit Safran

Dies ist eine der besten Meeresfrüchtesuppen Frankreichs. Außer bei besonderen Gelegenheiten serviert man in Frankreich die Muscheln in der Schale. Dazu passt Baguette.

ZUTATEN

4–6 Portionen

3 EL Butter
8 Schalotten, gehackt
1 Bund Suppengrün
1 TL schwarze Pfefferkörner
1½ Tassen trockener Weißwein
1 kg Muscheln, geputzt und ohne Bärte
2 Stangen Lauch, klein geschnitten
1 Fenchelknolle, klein geschnitten
1 Möhre, fein geschnitten
ein paar Safranfäden
1 Liter Fisch- oder Hühnerbrühe
2–3 EL Stärkemehl, vermischt mit 3 EL kaltem Wasser
120 ml/½ Tasse Schlagsahne
1 Tomate, geschält, entkernt und fein gewürfelt
2 EL Anislikör
Salz und frisch gemahlener schwarzer Pfeffer

1 Zerlassen Sie die Hälfte der Butter bei mittlerer Hitze. Braten Sie die Hälfte der Schalotten darin weich, aber nicht braun. Geben Sie das Suppengrün, Pfefferkörner und Weißwein hinzu und kochen Sie die Mischung auf. Geben Sie dann die Muscheln hinein und kochen sie zugedeckt bei starker Hitze 3–5 Minuten, bis sie sich öffnen. Rütteln Sie ab und zu den Topf.

2 Fischen Sie die Muscheln mit einem Abseihlöffel heraus und legen Sie sie in eine Schüssel. Gießen Sie die Kochflüssigkeit ab und halten sie zurück.

3 Öffnen Sie die Muscheln, pulen Sie das Fleisch heraus. Werfen Sie noch geschlossene weg.

4 Zerlassen Sie die restliche Butter bei mittlerer Hitze und braten Sie die restlichen Schalotten 1–2 Minuten an. Braten Sie mit Lauch, Fenchel, Möhre und Safran noch 3–5 Minuten weiter.

5 Rühren Sie die Kochflüssigkeit ein, bringen sie zum Kochen und kochen Sie das Gemüse in 5 Minuten zart. Die Brühe dazugießen, nochmals aufkochen und den Schaum abschöpfen. Würzen Sie nach Geschmack mit Salz und Pfeffer und kochen Sie weitere 5 Minuten.

6 Rühren Sie das aufgelöste Stärkemehl in die Suppe und lassen Sie die Suppe 2–3 Minuten köcheln, bis sie leicht andickt. Rühren Sie Sahne, Muscheln und die Tomate und nach Geschmack den Anislikör ein. Erhitzen Sie die Suppe 1–2 Minuten. Gleich mit knusprigem Baguette servieren.

Wan-Tan-Suppe mit Meeresfrüchten

Diese Variation der beliebten Wan-Tan-Suppe wird mit Schweinefleisch zubereitet.

ZUTATEN

4 Portionen

- 50 g Riesengarnelen
- 50 g Jakobsmuscheln
- 75 g Dorschfilet ohne Haut, zerkleinert
- 1 EL frischer Schnittlauch, gehackt
- 1 TL trockener Sherry
- 1 kleines Eiweiß, leicht geschlagen
- 1/2 TL Sesamöl
- 1/4 TL Salz
- eine große Prise weißer Pfeffer
- 20 Wan-Tan-Blätter (Fertigprodukt)
- 2 Blätter Römersalat, zerkleinert
- 900 ml/3 3/4 Tassen Fischbrühe
- frischer Koriander und Schnittlauch zum Garnieren

1 Schälen Sie Garnelen und nehmen sie aus. Dann putzen, trocknen und klein schneiden.

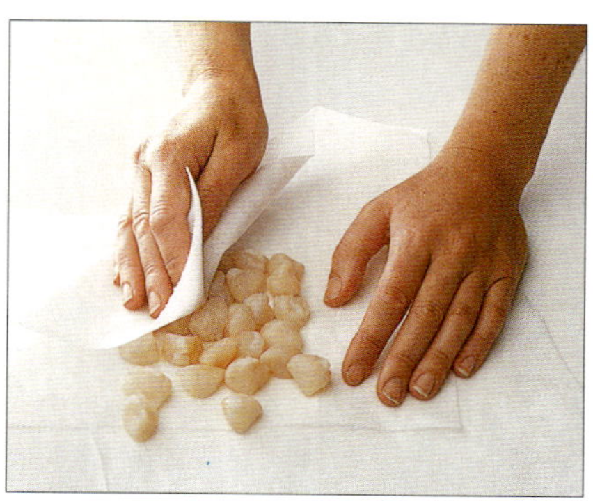

2 Putzen und trocknen Sie die Muscheln und schneiden sie in kleine Stücke.

3 Pürieren Sie den Dorsch im Mixer zu einer Paste. Rühren Sie Garnelen, Schnittlauch, Muscheln, Sherry, Eiweiß, Sesamöl sowie Salz und Pfeffer ein. Rühren Sie gut um und lassen Sie alles an einem kühlen Ort 20 Minuten ziehen.

4 Geben Sie 1 TL der Füllung auf jedes Wan-Tan-Blatt. Drehen Sie Ecken aufeinander, so dass die Füllung eingeschlossen ist. Sie können sie auch mit einem frischen Schnittlauchstängel zubinden.

5 Geben Sie die Wan-Tans in einen Topf kochendes Wasser. Wenn das Wasser wieder kocht, reduzieren Sie die Hitze und lassen die Wan-Tans 5 Minuten köcheln, oder bis sie an der Oberfläche schwimmen. Lassen Sie sie abtropfen und verteilen sie auf 4 vorgewärmte Suppenschalen.

6 Geben Sie auf jede Portion etwas Salat. Kochen Sie die Fischbrühe auf, gießen Sie sie über den Salat und garnieren Sie jede Portion mit Koriandergrün und Schnittlauch. Gleich servieren.

TIPP

Die Wan-Tans können schon vorher zubereitet, ein paar Wochen eingefroren und dann einfach gekocht werden.

Hummercremesuppe

Der Hummer gilt als König der Schalentiere. Beim Kochen wird seine Schale leuchtend rot. Diese außergewöhnliche Suppe ist ein wahres Festessen.

ZUTATEN

4 Portionen

1 gekochter Hummer, etwa 700 g
2 EL Pflanzenöl
115 g/½ Tasse Butter
2 Schalotten, gehackt
Saft einer halben Zitrone
3 EL Cognac
1 Lorbeerblatt
1 frischer Petersilienzweig, dazu ein paar zum Garnieren
1 Muskatblütenblatt
1,2 Liter Fischbrühe
3 EL Mehl
3 EL Vollfettsahne
Salz und schwarzer Pfeffer
eine Prise Cayennepfeffer zum Garnieren

1 Heizen Sie den Backofen auf 180° C (Gas: Stufe 4) vor. Legen Sie den Hummer flach aus und halbieren Sie ihn längs. Entfernen Sie die Eingeweide, lassen Sie das Fleisch aber in der Schale.

2 Erhitzen Sie das Öl mit 2 Esslöffeln Butter in einem Topf. Sautieren Sie darin den Hummer mit der Fleischseite nach unten 5 Minuten. Geben Sie Schalotten, Zitronensaft und Cognac hinzu und backen Sie alles 15 Minuten.

3 Holen Sie das Hummerfleisch aus der Schale. Köcheln Sie die Schale mit den Säften und Lorbeer, Petersilie, Muskat und Brühe 30 Minuten aus; dann abgießen. Hacken Sie 1 Esslöffel Hummerfleisch für die Garnitur und pürieren Sie den Rest mit 3 Esslöffeln Butter.

4 Zerlassen Sie die restliche Butter und braten Sie darin das Mehl 30 Sekunden. Geben Sie nach und nach die Brühe hinzu und kochen sie unter Rühren auf. Rühren Sie das pürierte Fleisch, Sahne und Gewürz ein.

5 Füllen Sie die Suppe in vorgewärmte Schalen oder Teller und garnieren Sie sie mit dem gehackten Hummerfleisch, Petersilie und einer Prise Cayennepfeffer. Gleich servieren.

Garnelensuppe mit Eierknoten

Eine ungewöhnliche Suppe – genau richtig für eine festliche Gelegenheit.

ZUTATEN

4 Portionen

900 ml/3¾ Tassen Kombu- und Bonito-Brühe oder Dashi
1 TL Sojasoße
ein Spritzer Reis- oder trockener Weißwein
Salz
1 Frühlingszwiebel, gehackt, zum Garnieren

Für die Garnelen-Shinjo-Knödel

200 g Riesengarnelen, geschält und, falls tiefgefroren, aufgetaut
65 g Dorschfilet, gehäutet
1 TL Eiweiß
1 TL Reis- oder trockener Weißwein
4½ TL Stärke- oder Kartoffelmehl
2 oder 3 Tropfen Sojasoße

Für das Omelette

1 Ei, geschlagen
ein Spritzer Mirin
Pflanzenöl zum Braten

1 Nehmen Sie die Garnelen aus und pürieren Sie sie mit Dorsch, Eiweiß, Wein, Mehl, Sojasoße und einer Prise Salz im Mixer zu einer klebrigen Paste. Oder schneiden Sie Garnelen und Dorsch fein, zerdrücken sie mit einem Messer und zerstoßen sie mit einem Mörser, bevor Sie die anderen Zutaten dazugeben.

2 Formen Sie 4 Knödel aus der Mischung und dämpfen diese 10 Minuten bei großer Hitze. Weichen Sie dabei die Frühlingszwiebel zum Garnieren 5 Minuten in kaltem Wasser ein; dann abtropfen lassen.

3 Für das Omelette das Ei mit Salz und Mirin vermischen. Etwas Öl in einer Pfanne erhitzen, das Ei hineingeben und die Pfanne schwenken, damit es gleichmäßig verläuft. Wenn es fest ist, drehen Sie das Omelette um braten es noch 30 Sekunden und lassen es abkühlen.

4 Schneiden Sie das Omelett in etwa 2 cm breite Streifen. Knoten Sie jeden Streifen einmal und spülen Sie in einem Sieb das Öl mit heißem Wasser ab. Kochen Sie die Brühe auf und geben Sojasoße, Salz und Wein dazu. Verteilen Sie Knödel und Eierknoten auf 4 Teller, gießen Sie die Suppe darüber und streuen Frühlingszwiebel darüber.

Thailändische Fischsuppe

Thailändische Fischsoße (Nam Pla) *enthält viel Vitamin B und ist in Thailand sehr beliebt. Man bekommt sie in fernöstlichen Geschäften und in guten Supermärkten.*

ZUTATEN

4 Portionen

- 350 g rohe Riesengarnelen
- 1 EL Erdnussöl
- 1,2 Liter kräftige Hühner- oder Fischbrühe
- 1 Zitronengrasstängel, zerquetscht und in Stücke geschnitten
- 2 Limonenblätter, in Stücke gerissen
- Saft und abgeriebene Schale von 1 Limone
- ½ frische grüne Chilischote, entkernt und gehackt
- 4 Jakobsmuscheln
- 24 Miesmuscheln, geputzt
- 115 g Engelbarschfilet, in 2 cm große Stücke geschnitten
- 2 TL Fischsoße

Für die Garnitur

- 1 Limonenblatt, zerkleinert
- ½ rote Chilischote, fein geschnitten

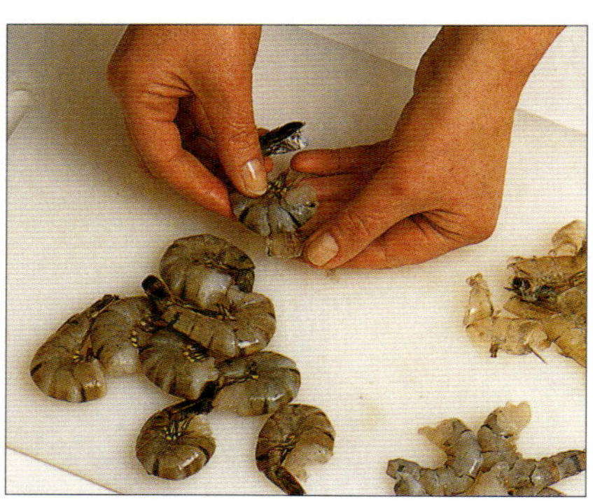

1 Schälen Sie die Garnelen; die Schalen aufbewahren. Den Darm am Rücken entfernen.

2 Erhitzen Sie das Öl in einem Topf und braten die Schalen rosa. Kochen Sie Brühe, Zitronengras, Limonenblätter und -schale und grüne Chili darin auf und köcheln 20 Minuten. Abseihen und die Flüssigkeit aufbewahren.

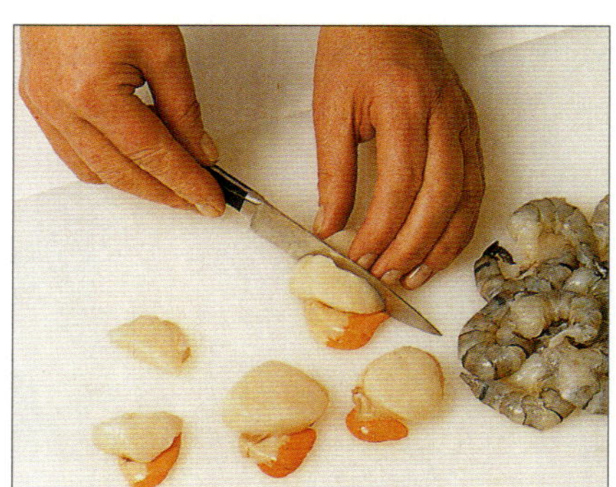

3 Halbieren Sie die Jakobsmuscheln und lassen Sie die Koralle an einer Hälfte haften.

4 Werfen Sie die Muscheln, die sich bei Berührung nicht öffnen, weg. Brühe, Miesmuscheln, Garnelen, Barsch und Jakobsmuscheln in einem Topf 3 Minuten kochen. Vom Herd nehmen und verschlossene Muscheln entfernen. Dann Zitronensaft und Fischsoße hineingeben. Garnieren Sie mit Limonenblatt und Chilistücken.

Seemannseintopf

Jeder feste Fisch kann hierfür verwendet werden; es sollte jedoch geräucherter Schellfisch dabei sein. Er verleiht den besonderen Geschmack.

ZUTATEN

4 Portionen

20 Miesmuscheln, geputzt
225 g geräuchertes Schellfischfilet
225 g frisches Engelbarschfilet
2 Scheiben Speck (nach Geschmack)
1 EL Olivenöl
1 Schalotte, gehackt
225 g/2 Tassen grob geraspelte Möhren
150 ml/$^2/_3$ Tasse Sahne
120 g gekochte, geschälte Garnelen
Salz und schwarzer Pfeffer
2 EL frische Petersilie, gehackt, zum Garnieren

1 Werfen Sie die Muscheln weg, die sich bei Berührung nicht schließen. Köcheln Sie Schellfisch und Barsch 5 Minuten in 1,2 Liter Wasser. Geben Sie die Muscheln dazu und bedecken Sie den Topf.

2 Kochen Sie noch 5 Minuten. Muscheln, die sich jetzt nicht geöffnet haben, werfen Sie weg. Dann abtropfen und die Flüssigkeit aufbewahren. Zurück in den Topf geben und beiseite stellen.

3 Zerteilen Sie den Schellfisch und entfernen Sie Haut und Gräten. Schneiden Sie den Barsch in große Stücke und den Speck in Streifen.

4 Erhitzen Sie das Öl in einer Pfanne und braten Sie Schalotte und Speck darin an. Geben Sie beides zu der abgegossenen Fischbrühe, bringen Sie sie zum Kochen und kochen sie mit den geraspelten Möhren 10 Minuten.

5 Sahne, Schellfisch, Barsch, Muscheln und Garnelen unterrühren und langsam erhitzen, jedoch nicht kochen. Schmecken Sie die Suppe ab und garnieren Sie mit Petersilie.

Maissuppe mit Krabbe

Diese Klassiker aus Louisiana ist sicher üppig genug für eine festliche Party, daher lohnt sich die Zeit, die man zum Vorbereiten der Krabbe braucht. Die schmackhafte Brühe wird aus den Krabbenschalen mit Maiskolben ohne Körner gemacht.

ZUTATEN

8 Portionen

4 große Maiskolben
2 Lorbeerblätter
1 gekochte Taschenkrabbe oder etwa 1 kg
2 EL Butter
2 EL Mehl
300 ml/1¼ Tassen Schlagsahne
6 Frühlingszwiebeln, klein geschnitten
eine Prise Cayennepfeffer
Salz und frisch gemahlener schwarzer Pfeffer
heißes Baguette oder Knabberstangen

1 Entfernen Sie die Hülsen und die Fäden von den Maiskolben und schneiden Sie die Kerne ab.

2 Geben Sie die Kolben mit 3 Litern kaltem Wasser, den Lorbeerblättern und 2 TL Salz in einen Topf und bringen Sie alles zum Kochen. Lassen Sie es köcheln, während Sie das Krabbenfleisch vorbereiten.

3 Ziehen Sie die beiden Klappen zwischen den großen Klauen ab, stellen Sie die Krabbe auf die Fläche, wo vorher die Klappen waren, und schlagen Sie mit dem Handballen auf das runde Ende.

4 Entfernen Sie die obere Schale und bewahren Sie sie auf.

5 Drücken Sie den Mund und den Bauchsack unter dem Mund heraus. Beides wegwerfen.

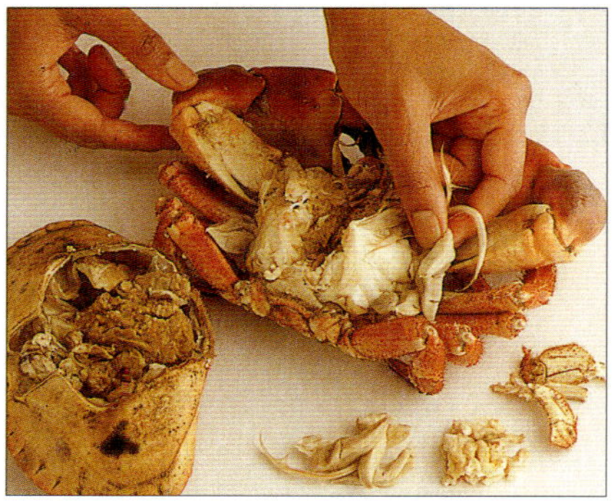

6 Ziehen Sie die federartigen Kiemen um die Hauptkammer herum ab; werfen Sie sie weg. Kratzen Sie das braune Fleisch aus der Schale; beiseite stellen.

7 Brechen Sie die Klauen so oft wie nötig durch, um das weiße Fleisch herauszuholen. Stellen Sie das ganze Krabbenfleisch beiseite. Geben Sie die spinnenartigen Beine, den Rücken und die anderen Schalenstücke mit den Maiskolben in den Topf und lassen Sie sie noch 15 Minuten köcheln. Gießen Sie die Brühe in einen sauberen Topf ab und kochen Sie, bis sie auf 2 Liter reduziert ist.

8 Zerlassen Sie die Butter in einem Topf, streuen Sie das Mehl hinein und rühren Sie bei schwacher Hitze, bis die Mehlschwitze cremefarben ist.

9 Nehmen Sie den Topf vom Herd und rühren Sie 1 Tasse Brühe ein. Wieder auf den Herd stellen und umrühren, bis die Mehlschwitze dick wird. Zu der abgegossenen Brühe hinzufügen.

10 Die Maiskörner dazugeben, aufkochen und 5 Minuten köcheln lassen.

11 Krabbenfleisch, Sahne und Frühlingszwiebeln dazugeben und mit Salz und (möglichst schwarzem und weißem) Pfeffer würzen. Wieder zum Kochen bringen und 2 Minuten köcheln. Dazu Baguette oder Knabberstangen reichen.

Meeresfrüchtesuppe mit Rouille

Eine aromatische Fischsuppe aus Frankreich, gewürzt mit viel Safran und Kräutern. Rouille, *die feurig-scharfe Paste, kann sich jeder Gast selbst in die Suppe rühren.*

ZUTATEN

6 Portionen

3 Seebarben, gehäutet, zurechtgemacht
12 große Garnelen
675 g weißer Fisch, z. B. Dorsch, Schellfisch, Heilbut oder Engelbarsch
225 g Muscheln
1 Zwiebel, geviertelt
1,2 Liter Wasser
1 TL Safranfäden
5 EL Olivenöl
1 Fenchelknolle, grob geschnitten
4 Knoblauchzehen, zerdrückt
3 Streifen Orangenschale
4 frische Thymianzweige
700 g frische oder 400 g gehackte Tomaten aus der Dose
2 EL Tomatenmark
3 Lorbeerblätter
Salz und schwarzer Pfeffer

Für die Rouille (Gewürzmayonnaise)

1 rote Paprikaschote, entkernt und geschnitten
1 frische rote Chilischote, entkernt, in Scheiben
2 Knoblauchzehen, gehackt
5 EL Olivenöl
15 g/¼ Tasse frische Brotkrümel

1 Für die *Rouille* pürieren Sie Paprika, Chili, Knoblauch, Öl und Brotkrümel im Mixer. In eine Schüssel geben und kalt stellen.

TIPP

Den Fisch kann man auch vom Fischhändler filetieren lassen, so spart man Zeit und Aufwand.

2 Filetieren Sie die Barben, indem Sie das Fleisch von der Wirbelsäule schneiden; Gräten und Köpfe zurückhalten. Die Filets klein schneiden. Die Hälfte der Garnelen schälen; die Schalen für die Brühe zurückhalten. Den Fisch häuten und Gräten entfernen; in große Stücke schneiden. Die Muscheln putzen, offene wegwerfen.

3 Geben Sie die Fisch- und Garnelenabfälle in einen Topf mit der Zwiebel und dem Wasser; aufkochen und bei schwacher Hitze 30 Minuten garen. Kurz abkühlen lassen und abgießen.

4 Lösen Sie den Safran in 1 EL kochendem Wasser auf. Erhitzen Sie 2 EL Öl in einem Topf und geben Sie die Barben und den weißen Fisch hinein. Bei hoher Hitze 1 Minute braten und abtropfen lassen.

5 Erhitzen Sie das restliche Öl in dem Topf und braten Sie darin Fenchel, Knoblauch, Orangenschale und Thymian an. Füllen Sie die abgegossene Brühe mit Wasser zu 1,2 Litern auf.

6 Frische Tomaten 30 Sekunden in kochendes Wasser geben. Dann mit kaltem Wasser abschrecken, schälen und klein schneiden. Die Brühe mit Safran, Tomaten, Tomatenmark und Lorbeer in den Topf geben. Würzen und fast zum Kochen bringen. Lassen Sie sie zugedeckt 20 Minuten köcheln.

7 Rühren Sie Barben, weißen Fisch, geschälte und ungeschälte Garnelen und Muscheln ein und kochen Sie die Suppe zugedeckt 3–4 Minuten. Fischen Sie die Muscheln heraus, die sich nicht öffnen und werfen sie weg. Heiß mit der *Rouille* servieren.

Dorschcremesuppe

Der Geschmack dieser Suppe wird durch das scharfe Aroma von geräuchertem Dorsch bereichert. Servieren Sie die Suppe als gehaltvolle Vorspeise vor einem leichten Hauptgericht mit warmem Brot.

ZUTATEN

4–6 Portionen

350 g geräuchertes Dorschfilet
1 kleine Zwiebel, gehackt
1 Lorbeerblatt
4 schwarze Pfefferkörner
900 ml/3¾ Tassen Milch
2 TL Stärkemehl
2 TL kaltes Wasser
200 g Mais aus der Dose
1 EL frische Petersilie, gehackt
knuspriges Vollkornbrot zum Servieren

TIPP

Der Geschmack der Suppe wird noch intensiver, wenn Sie sie einen Tag zuvor zubereiten und kühl stellen. Wärmen Sie sie vorsichtig wieder auf, damit der Fisch nicht zerfällt.

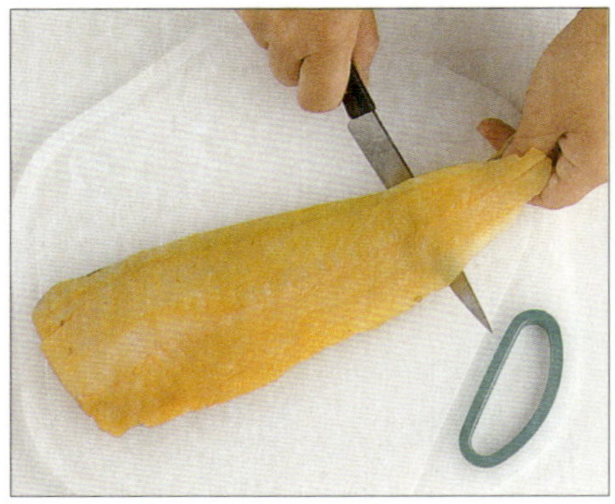

1 Häuten Sie den Fisch und geben Sie ihn mit Zwiebel, Lorbeer, Pfefferkörnern und Milch in einen Topf.

2 Aufkochen und bei niedriger Temperatur 12–15 Minuten köcheln lassen, oder bis der Fisch gerade gar ist – keinesfalls länger.

3 Holen Sie den Fisch heraus und teilen Sie ihn in große Stücke. Das Lorbeerblatt und die Pfefferkörner ebenfalls herausfischen.

4 Vermischen Sie Mehl und Wasser zu einer glatten Paste. In den Topf geben, zum Kochen bringen und bei niedriger Temperatur 1 Minute köcheln, oder bis die Suppe dicklich geworden ist.

5 Tropfen Sie den Mais ab und geben Sie ihn mit dem Fisch und der frischen gehackten Petersilie in den Topf.

6 Erhitzen Sie die Suppe; achten Sie darauf, dass der Fisch nicht zerbröselt. Nicht kochen. Füllen Sie die Suppe in Schalen und reichen Sie dazu warmes, knuspriges Vollkornbrot.

Muschelsuppe mit Basilikum

Diese leicht süßliche und würzige Suppe eignet sich ausgezeichnet als festliche Vorspeise.

ZUTATEN

4–6 Portionen

2 EL Olivenöl
1 Zwiebel, gehackt
frische oder getrocknete Blätter von einem Thymianzweig, zerkleinert
2 Knoblauchzehen, zerdrückt
5 oder 6 frische Basilikumblätter, dazu ein paar zum Garnieren
1/4–1/2 TL zerdrückte rote Chilischoten
1 Liter Fischbrühe
350 ml/1 1/2 Tassen passierte Tomaten
1 TL Kristallzucker
90 g/knapp 1 Tasse gefrorene Erbsen
70 g/2/3 Tasse kleine Nudeln, etwa *Chifferini*
225 g gefrorene, geschälte Muscheln
Salz und frisch gemahlener schwarzer Pfeffer

1 Erhitzen Sie das Öl in einem Topf und braten Sie die Zwiebel darin weich, aber nicht braun. Rühren Sie Thymian, Knoblauch, Basilikumblätter und die Chilistücke ein.

TIPP

Tiefgefrorene geschälte Muscheln sind in vielen Supermärkten erhältlich. Wenn Sie keine bekommen können, nehmen Sie im eigenen Saft eingelegte Muscheln (nicht in Essig). Es gibt auch Muscheln mit Schale im Glas. Sie sehen köstlich aus, schmecken gut und sind nicht teuer. Rühren Sie sie einfach in die Suppe.

2 Geben Sie Brühe, Tomaten, Zucker sowie Salz und Pfeffer dazu und bringen Sie die Suppe zum Kochen. Bei schwacher Hitze 15 Minuten garen, dabei ab und zu umrühren. Geben Sie die gefrorenen Erbsen hinein und kochen Sie weitere 5 Minuten.

3 Geben Sie die Pasta hinein und bringen Sie die Suppe unter Rühren zum Kochen. Schalten Sie herunter und köcheln Sie die Pasta in etwa 5 Minuten unter Rühren *al dente.*

4 Geben Sie bei sehr niedriger Temperatur die gefrorenen Muscheln dazu und wärmen Sie alles 2–3 Minuten durch. Schmecken Sie die Suppe ab und servieren Sie in vorgewärmten tiefen Schalen, garniert mit Basilikumblättern.

Nudelsuppe mit Hühnerleber

Diese Suppe kann als Vorspeise und auch als Hauptgericht dienen. Auch wenn Sie Hühnerleber normalerweise nicht mögen, probieren Sie doch einmal diese Version.

ZUTATEN

4–6 Portionen

120 g/½ Tasse Hühnerleber, aufgetaut (falls tiefgefroren)

1 EL Olivenöl

etwas Butter

4 Knoblauchzehen, zerdrückt

je 3 frische Petersilien-, Majoran- und Salbeizweige, gehackt

1 frischer Thymianzweig, gehackt

5 oder 6 frische Basilikumblätter, gehackt

1–2 EL trockener Weißwein

600 g konzentrierte Hühnerconsommé aus dem Glas

225 g/2 Tassen gefrorene Erbsen

50 g/½ Tasse kleine Nudeln, z. B. *Farfalle*

2 oder 3 Frühlingszwiebeln, diagonal geschnitten

Salz und frisch gemahlener schwarzer Pfeffer

1 Schneiden Sie die Hühnerlebern mit einer Schere klein. Erhitzen Sie Öl und Butter in einer Pfanne und braten Sie darin Knoblauch und Kräuter mit Salz und Pfeffer an. Die Lebern hineingeben und bei größerer Hitze unter Rühren anbraten, bis sie die Farbe ändern und trocken werden. Kochen Sie den Wein darin, bis er verfliegt. Nehmen Sie den Topf vom Herd.

2 Bringen Sie die Hühnerbrühe mit Wasser (Menge je nach Packungsangaben) in einem Topf zum Kochen. Rühren Sie dabei ein wenig Salz und Pfeffer ein.

3 Geben Sie die Erbsen dazu und köcheln Sie etwa 5 Minuten. Bringen Sie die Suppe mit den Nudeln wieder zum Kochen; dabei umrühren. Weiter köcheln lassen, bis die Pasta *al dente* ist.

4 Geben Sie die Hühnerleber und die Frühlingszwiebeln dazu und wärmen Sie alles kurz durch. Abschmecken und in vorgewärmten Tellern servieren.

Hühnersuppe mit Ingwer und Kokosnuss

In Thailand heißt diese Suppe Dom Kha Gai. *Galgant, Zitronengras und Limonenblätter verleihen ihr eine intensive Würze.*

ZUTATEN

4–6 Portionen

750 ml/3 Tassen Kokosmilch
500 ml/2 Tassen Hühnerbrühe
4 Zitronengrasstängel, gehackt
2,5 cm frische Ingwerwurzel, in Scheiben
10 schwarze Pfefferkörner, zerdrückt
10 Limonenblätter, zerrissen
300 g/2½ Tassen Hühnerfleisch ohne Haut und Knochen, in dünne Streifen geschnitten
120 g/1½ Tassen Champignons
50 g/½ Tasse Babymaiskolben
4 EL Limonensaft
3 EL Fischsoße

Für die Garnitur

2 rote Chilischoten, klein geschnitten
3 oder 4 Frühlingszwiebeln, gehackt
frischer Koriander, gehackt

1 Bringen Sie Kokosmilch und Brühe in einem Topf zum Kochen. Zitronengras, Pfefferkörner, Ingwer und die Hälfte der Limonenblätter hineingeben. Herunterschalten und 10 Minuten köcheln.

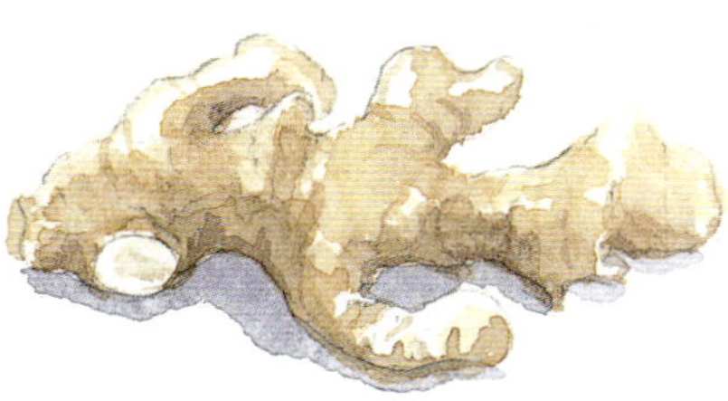

2 Gießen Sie die Brühe in einen sauberen Topf ab. Wieder erhitzen und Hühnerfleisch, Pilze und Mais dazugeben. Lassen Sie die Suppe 5–7 Minuten köcheln, bis das Fleisch gar ist.

3 Rühen Sie Limonensaft, Fischsoße nach Geschmack und den Rest der Limonenblätter ein. Heiß servieren, garniert mit Chilistücken, Frühlingszwiebeln und Koriander.

Indische Rindfleisch-Beeren-Suppe

Die frischen Beeren geben dieser Suppe den richtigen Pfiff.

ZUTATEN

4 Portionen

2 EL Pflanzenöl

500 g zartes Rindersteak

2 Zwiebeln, fein geschnitten

2 EL Butter

1 Liter gute Rinderbrühe oder Bouillon

½ TL Salz

115 g/1 Tasse frische Heidelbeeren, Brombeeren oder Blaubeeren, leicht zerquetscht

1 TL Honig

1 Erhitzen Sie das Öl in einem Topf, bis es fast raucht. Bräunen Sie darin das Steak von beiden Seiten bei mittlerer Hitze. Vom Herd nehmen und beiseite stellen.

2 Verringern Sie die Hitze und geben Sie Zwiebeln und Butter hinein. Rühren Sie gut um; kratzen Sie den Fleischsaft vom Topfboden ab. Garen Sie bei schwacher Hitze in 10 Minuten die Zwiebeln weich.

3 Geben Sie Brühe und Salz dazu und kochen Sie die Suppe unter Rühren auf. Rühren Sie Beeren und Honig ein und lassen Sie das Ganze 20 Minuten köcheln

4 Schneiden Sie das Steak in mundgerechte Stücke und schmecken Sie die Suppe mit Salz und Honig ab. Köcheln Sie sie mit dem Steak 30 Sekunden, dabei umrühren. Gleich servieren.

Register